ESSAI

SUR LA LÉGITIMITÉ DES ROIS,

CONSIDÉRÉE DANS SES RAPPORTS

AVEC L'INTÉRÊT DES PEUPLES,

ET EN PARTICULIER

AVEC L'INTÉRÊT DES FRANÇAIS.

ESSAI

SUR LA LÉGITIMITÉ DES ROIS,

CONSIDÉRÉE DANS SES RAPPORTS

AVEC L'INTÉRÊT DES PEUPLES,

ET EN PARTICULIER

AVEC L'INTÉRÊT DES FRANÇAIS.

A PARIS,

ET SE VEND A BRUXELLES,

CHEZ P. J. DE MAT, IMPRIMEUR - LIBRAIRE,

GRAND'PLACE, Nº 1129.

1815.

AVIS.

Je viens de lire les discussions auxquelles se livre le présent corps législatif de France , après la seconde abdication de Buonaparte ; et j'ai cru qu'il était utile de composer cet écrit.

Je réclame beaucoup d'indulgence en sa faveur; car, privé de livres et de conseils, j'ai travaillé sans autre aide que celle que j'ai tirée de ma mémoire, qui fut toujours fautive , et que l'âge ne rend pas plus exacte. Je puis donc m'être beaucoup trompé sur les faits , trompé peut-être dans mes raisonnemens. Je suis bien sûr de n'errer pas du moins dans mes intentions : je veux , si je le puis, prémunir mes compatriotes contre les dangers qui les menacent encore , et contre les piéges que leur tend l'ambition ou la folie de quelques hommes toujours amoureux , les uns de crimes et de richesses , les autres d'expériences politiques et de nouveautés.

Si j'avais fait un ouvrage , et que j'eusse écrit pour la réputation d'auteur , j'aurais mis du temps à revoir , à corriger. Mais l'édifice est en feu. Il faut courir à l'incendie. Tout est bon à l'éteindre. Les corrections ne feraient rien qu'à ma vanité. Je la sacrifie. Ce n'est pas à dire que mes idées soient improvisées comme cette rédaction. Mes idées sont vieilles et mûries. Elles sortent d'une raison enne-

mie de l'esclavage aussi bien que de la licence,
qui n'ayant eu que trop d'occasions de réfléchir sur
les malheurs de l'exagération en politique, s'est for-
tement persuadée que, pour être digne d'être libre,
il faut ne prendre de la liberté que ce qui en con-
vient à notre nature, et ce qui est nécessaire pour
le bien du pays.

D'ailleurs, j'ai principalement voulu fournir un
texte aux méditations des esprits sages, et donner,
à quelque bon écrivain, la tentation d'exercer son
génie, en présentant sous un meilleur jour, des
vérités auxquelles il serait important en effet de
donner l'autorité d'un grand nom et d'un beau talent. Quand cet heureux rival paraîtra, je n'ap-
plaudirai pas le dernier à son succès : et ce n'est
pas moi qui serai jaloux de sa gloire.

1er Juillet 1815.

ESSAI

SUR LA LÉGITIMITÉ DES ROIS,

CONSIDÉRÉE DANS SES RAPPORTS

AVEC L'INTÉRÈT DES PEUPLES ET EN PARTICULIER AVEC L'INTÉRÈT DES FRANÇAIS.

———

Le plus extraordinaire des événemens vient d'arriver.

La Providence a tout fait pour la France.

La France voudra-t-elle faire quelque chose pour elle-même?

Vingt-cinq années d'expérience seront-elles perdues?

Allons-nous, une seconde fois, nous précipiter dans le gouffre dont un miracle seul a pu nous tirer, et recommencer nos éternelles controverses sur l'indépendance du peuple et sur son droit de changer, à son gré, les dynasties?

Nous livrerons-nous encore à toutes ces abstractions, par lesquelles nous ont si long-temps trompés quelques hommes dont la conduite, depuis qu'ils ont jeté le masque, peut faire juger la bonne foi?

Que sont devenus les prédicans de toutes ces fastueuses maximes sur la liberté, la république et l'égalité?

Les uns se sont entre-déchirés comme des bêtes féroces, après avoir couvert la France d'échafauds, sur lesquels, pour premier gage de la félicité publique, tant promise, ils firent monter, sans distinction de classe, quiconque avait du talent, de la fortune ou de la vertu?

1

Leurs survivans ont envahi les richesses, les ministères, les dignités que jadis ils appelaient des crimes, et qu'ils punissaient, comme tels, dans leurs possesseurs.

Les républicains se sont faits princes, ducs, comtes et rois.

Les amis de l'égalité nous écrasent de leur orgueil.

Ces fiers *hommes libres* ont troqué leur bonnet rouge contre des étoiles de diamans et des cordons de chevalerie.

Ah! sans doute, ces nouveaux grands se sont du moins préservés des vices de la grandeur; ils ont été moins insolens, moins débauchés, moins tyranniques qu'ils ne reprochaient de l'être, quand ils n'étaient rien encore, à leurs devanciers, et aux grands de tous les pays!

Certes, pour eux, la modération était à peine une vertu. L'enivrement de la naissance et les préjugés de l'éducation ne les avaient pas séduits. Ne fût-ce que par reconnaissance, ils devaient bien quelque retour de bonté, de dévouement même à leurs égaux qui s'étaient faits leurs inférieurs. Un peu de bon esprit suffisait à les rendre modestes. Dans ce siècle de catastrophes, et quand les trônes eux-mêmes, sous nos yeux, devenaient poussière, comment ne pas se dire que toute grandeur est fragile, et qu'élevé par une convulsion, on peut, par une autre convulsion, être rejeté dans sa médiocrité native?

L'histoire racontera ce qu'ils furent.

Je ne veux pas exagérer leurs fautes.

Ils furent ce que sont la plupart des hommes quand ils ont bu dans la coupe du pouvoir. Ils ont payé tribut à la faiblesse humaine. En cela, peut-être, ils ne sont pas plus coupables que d'autres, à leur place, ne le fussent devenus. Mais, enfin, nous n'avions rien gagné au changement, et ce n'était guères la peine d'arracher la France de ses fondemens, de nous plonger dans un abîme de maux, d'avoir enfin détruit les personnes et les institutions, pour y substituer des institutions et des personnes qui n'étaient pas meilleures, et qui même étaient pires !

Encore si ces inconséquences de leur vie privée avaient été rachetées par de la vertu publique ! si se laissant entraîner aux passions trop naturelles à notre espèce, ils avaient pourtant retenu de leurs anciens sermens de mourir pour le salut du peuple, la disposition à ne jamais trahir ses plus évidens intérêts ! si, fiers de leur rang et gorgés de nos richesses, ils avaient pour prix de tant de jouissances qui leur étaient chères, défendu quelquefois nos droits les plus essentiels ! Les services pourraient compenser les erreurs, et leur zèle, en ces occasions, leur faire pardonner de n'avoir pas eu toujours de la loyauté !

Mais telle ne fut pas leur conduite.

Le dieu de leurs mains demandait-il des victimes humaines ? Ils applaudissaient. Des victimes humaines étaient immolées par hécatombes. Des conscriptions succédaient à des conscriptions. Les mêmes bras s'armaient du même glaive, qui, jadis sacrifiait les pères à la chimérique idole de la liberté, pour sacrifier les enfans et la nation elle-même, en masse, aux fureurs d'un insensé rêvant la monarchie universelle. Nulle voix ne s'élevait en faveur de notre florissante jeunesse, *mise en coupe réglée* pour aller, chaque année, s'ensevelir dans les contrées dont le tour était venu d'être ravagées.

La gloire ! la gloire ! C'était le cri perfide avec lequel ces anciens démagogues, devenus les visirs d'un empereur, s'efforçaient d'étouffer les remords de leur prince, en lui livrant le peuple pour être égorgé, comme jadis ils avaient étouffé la pitié dans le peuple qu'ils persuadaient d'égorger les princes, en lui criant : la patrie ! la patrie !

Se trompaient-ils eux-mêmes toutefois ?

Non. En secret peut-être ils déploraient les malheurs du pays. Ils eussent désiré l'en garantir ; mais ils ne voulaient pas, avec un maître ombrageux et sombre, risquer quelque diminution dans leur faveur pour sauver une nation entière de sa destruction.

Cependant, après nous avoir ainsi découvert le secret de leur hypocrisie, ce sont ces mêmes hommes qui veulent encore aujourd'hui se faire les régulateurs de la France et les arbitres suprêmes de notre choix d'un gouvernement ! Ce sont eux qui, lorsque les Français sont abandonnés pour la seconde fois par le souverain qu'ils leur avaient imposé, leur défendent de retourner au souverain légitime, parce qu'un souverain légitime est le seul à qui, dans leurs théories nouvelles, il ne soit pas permis de s'asseoir sur le trône, même par le vœu du peuple !

Ce n'est plus, il est vrai, leur premier cri de ralliement, la patrie, ni le second la gloire, qu'ils font retentir. Désormais ceux-là n'abuseraient personne. Tout le monde sait que la patrie ou la gloire veut dire leurs dignités et leurs trésors. Ils se sont avisés d'un mot nouveau, c'est l'indépendance nationale : comme si l'indépendance nationale était violée, parce qu'affranchis du système militaire nous reviendrions à nos rois que nous aurions dû garder toujours : et comme si l'intérêt de la France devait être follement méconnu, parce qu'il est le même que celui de toutes les puissances étrangères !

Le mot est changé : la conduite est la même. Ils veulent, au nom de l'indépendance nationale, ce qu'ils voulaient au nom de la patrie et de la gloire; conserver leurs places et leurs croix.

C'est toujours à eux qu'ils sacrifient la France.

Ne nous laissons pas fourvoyer plus long-temps par leurs paradoxes : et puisqu'ils font de la légitimité une espèce de monstre qu'il faut tuer partout où il paraît, comme opposé aux droits des peuples, examinons une fois ce prétendu monstre sans prévention contraire ni favorable; et voyons si nos intérêts ne sont pas d'accord avec nos devoirs, et les principes du raisonnement avec l'instinct de la conscience.

Si la légitimité n'existait pas, il faudrait l'inventer.

Dans ces temps malheureux où l'esprit de novation a voulu revoir toutes les questions décidées par la sagesse de nos ancêtres, on s'est beaucoup moqué du principe que la royauté est de droit divin ; et l'on a fièrement demandé si les dynasties commençaient.

Oui, les dynasties commencent ; mais quand elles ont commencé, le plus grand malheur qui puisse arriver aux peuples, c'est de les voir finir.

Ce fut donc une bien grande sagesse, aux anciens philosophes, de sanctifier la dignité royale pour la fixer plus solidement sur la tête qui porte les destinées de l'état. Ce fut une grande sagesse aussi d'associer la religion au pacte civil fait entre

Que la légitimité est, non pas une idolâtrie, mais un calcul éminemment social.

les rois et les sociétés : en sorte que l'ambitieux qui serait tenté d'y porter atteinte, fût considéré comme un sacrilége. Eh ! plût à Dieu que ce frein salutaire eût été plus puissant, et que le premier qui dit à la France, que notre roi n'était pas une personne sacrée, eût été, comme un autre Ananias, à l'instant même frappé de mort pour avoir prophané les choses saintes ! que cet heureux *fanatisme*, comme l'appellent les hommes à courte vue, nous aurait épargné de maux ! Et combien de *millions d'hommes* jouiraient encore de la lumière, qui, dans le tombeau, font escorte à la majesté du roi que le tombeau reçut par un crime ! En ce sens, comment oser reprocher de l'exagération aux écrivains judicieux, qui, prévoyant tous les maux qu'entraîne, pour les peuples, la chute d'un trône, ont voulu détourner les grands orages de la tête des sujets, en plaçant la personne des rois sous l'égide même de la Divinité ! Ainsi fit autrefois Numa. Lui-même il composait les lois paternelles qu'il donnait à Rome ; mais pour les rendre plus durables, il feignit de les recevoir d'une déesse qui se communiquait à lui dans le fond des forêts.

Qu'importe, au reste, cette thèse de la sainteté du caractère royal, si, plus ou moins saint, il est de l'intérêt de la société qu'il soit indélébile ?

Ne prenons pas le change sur la question.

Le grand art, dans les raisonnemens dangereux, est de laisser flotter, sur la discussion, un certain vague d'idées qui dérobe, aux esprits inattentifs, le véritable état de la question.

Fixons-le.

Un peuple doit-il préférer l'élection à la légitimité ? En d'autres mots, le peuple a-t-il le droit de changer de rois tous les jours ?

.En effet, établir que le peuple a le droit de changer de dynastie quand il juge que son roi n'est pas bon , c'est admettre la conséquence obligée qu'il peut en changer tous les jours. Il est impossible de trouver une bonne raison , dans la logique , pour prouver qu'une nation ne pourra demain exercer le droit qu'elle peut exercer aujourd'hui. Les apôtres de cette doctrine doivent donc reconnaître qu'un premier choix peut être suivi d'un second, celui-ci d'un troisième, et ainsi à l'infini. Voilà leur principe dans son étendue nécessaire.

Le nôtre aussi doit être posé franchement ; le voici : c'est que tant qu'il existe un rejeton de la race consacrée, le peuple lui doit fidélité.

Et ce n'est ni par esprit de servitude, ni par une aveugle idolâtrie pour les personnes, qu'il faut que cela soit ainsi ; c'est par amour pour la patrie, c'est pour l'intérêt du peuple.

L'intérêt du peuple assurément, est que le peuple ne soit point sans cesse en proie aux agitations. Or, le droit perpétuel d'élire est pour les états un ferment toujours actif de convulsions interminables.

Interrogeons l'histoire ancienne. Demandons-lui comment existèrent, et ce que sont devenus tous les grands états qui furent régis par le système électif. Ils vécurent au milieu des discordes intestines. Ils périrent par la conquête.

Consultons l'histoire moderne. La Pologne fut, de nos jours, le seul état où le peuple se choisissait son roi. Dévorée par de longues dissensions, livrée, pendant plusieurs siècles, aux querelles des ambitieux qui, de règne en règne, se disputaient la couronne, à toutes les fureurs de la guerre civile, aux invasions, enfin, de l'étranger, la brave et malheureuse Pologne n'est plus au rang des nations. Et, cependant, quel peuple fut plus digne de l'indépendance par son caractère loyal et généreux, par sa longanimité dans l'infortune, par son ardent amour pour la terre natale et pour la liberté du pays? Quels particuliers, dans aucun état, firent de plus grands sacrifices, de toute espèce, à la cause publique? Toutes ces héroïques vertus, pourtant, n'ont pas sauvé les Polonais. Ils sont tombés, tant sont trompeurs tous ces rêves brillans sur la souveraineté du peuple; rêves déplorables, dont la base essentielle est la mobilité du gouvernement, et l'effet inévitable de cette mobilité le bouleversement de l'état?

Eh! qu'avons-nous besoin, malheureux Français que nous sommes, de demander des leçons à l'histoire des autres peuples? Nous n'avons que trop de la nôtre pour nous éclairer.

Ce pestilentiel système de la souveraineté du peuple, nous l'avons conquis. Pour nous, il n'est pas une théorie vaine : nous l'avons mis en pratique. Depuis vingt-cinq ans, *nous élisons* : nous élisons nos gouvernemens et nos chefs. Nous avons parcouru tout le cercle de la démence politique. Nous avons élu le gouvernement par assemblées, d'Anton, Roland et leurs pareils, la république démocratique, Robespierre et ses complices; la république aristocratique, Reubell et ses compagnons; le consulat à temps, le consulat à vie, l'empire et Napoléon. Avec l'histoire de nos élections commence l'histoire de nos malheurs, et de malheurs si épouvantables qu'aucune nation, que je sache, ancienne ou moderne, n'en a essuyé de tels.

C'est de cette ère, qu'on pourra trop justement appeler sanglante, que datent la glacière d'Avignon, les massacres de septembre, l'assassinat de la famille royale, les listes de suspects, les confiscations, la captivité de la plupart des chefs de famille, la ruine de tous, l'extinction du commerce français, les échafauds dressés sur chaque point de la France, pour y recevoir l'élite de la population.

Lecteur, vous frémissez : continuez, toutefois ; l'énumération de nos maux n'est pas près d'être complète.

Ajoutez-y l'impatience de nos tyrans fatiguée des moyens ordinaires de destruction, et se frayant, au carnage, des routes inconnues jusques-là ; les noyades de Nantes, les *mitraillades* de Lyon, de Toulon, de Marseille ; la permanence de l'instrument de mort dans la grand'place de Bordeaux ; une ville entière, l'infortunée Bédouin, livrée aux flammes, parce qu'elle avait manqué de respect à je ne sais quel représentant ; les jeunes filles de Verdun immolées à 14, 15, 18 et 20 ans, parce qu'elles s'étaient réjouies, disait-on, du salut de leur pays (1).

----

(1) Je gémis d'être contraint de rappeler tous ces exécrables souvenirs, qu'on ne peut réveiller, sans que les regards ne se tournent, au même instant, sur des hommes dont une poignée vit encore parmi nous. Si ces hommes consentaient à se faire oublier, personne, autant que moi, ne désirerait qu'on ne prononçât même plus leurs noms. Tant que le roi fut sur le trône, ce fut le devoir de tous les amis du pays, et ce sera leur devoir encore, quand il y sera remonté, de voiler tous ces effrayans tableaux, qui, sous un gouvernement rétabli, ne sont propres qu'à rallumer les haines et qu'à troubler la paix publique. Mais quand ces bourreaux de notre pays ne veulent ni per-

Continuez de lire encore, et souvenez-vous des dis-cordes sanguinaires de trente factions, dont les noms même se sont perdus, toutes s'arrachant le sceptre populaire, toutes s'exterminant tour-à-tour pour obtenir des règnes d'un mois, et succombant quelquefois, les unes sous les autres, à des distances tellement rapprochées, que Paris, malgré la stupide insensibilité dont l'avait frappé l'excès de ses infortunes, ne put s'empêcher d'éprouver quelqu'étonnement à voir tomber, le même jour, et pêle-mêle, sous la même hache, les têtes confondues de tous ces rivaux de puissance, qui ne s'épargnaient pas à eux non plus les supplices auxquels ils dévouaient tous les Français devenus leurs esclaves.

Poursuivez encore cette funèbre nomenclature : rappelez-vous les guerres atroces de la Vendée, prêtes à se rallumer ; ces guerres auxquelles, en cruauté, nulle autre guerre ne peut être comparée que celle d'Espagne ; les déportations des hommes de tous les partis, royalistes, démagogues, républicains, constitutionnels ; la guerre étrangère planant sur cet océan de maux pour le creuser encore, et pour nous dévorer pendant un quart de siècle sans interruption ; cette rage de dépeupler la terre ; cette rage héréditaire dans nos chefs électifs, qui fit couler le sang français jusques sur des plages inconnues ;

---

mettre qu'on les oublie, ni porter, pour tout supplice, le poids de leur impunité, que, loin de cela, ressaisissant les torches et les poignards, ils veulent recommencer tous leurs excès, c'est un devoir de rappeler ce qu'ils firent. Quand ils n'agiront plus, quand on ne les entendra plus, on pourra les oublier encore. Ils se montrent : il faut bien qu'on les voie. La faute n'en est qu'à eux.

la conflagration de toute l'Europe mise en feu depuis Archangel jusqu'à Cadix, et des côtes de l'Océan aux îles Illyriennes ; ce spectacle terrible de l'Europe soulevant deux fois sa masse colossale pour venir nous en écraser, en punition des crimes du chef que nous avions élu, et Paris recevant, dans son sein, des vainqueurs de toutes les nations, et jusqu'à des Asiatiques.

Ce trait ne finit pas le tableau : mais il ôte le courage de le continuer. Je m'arrête.

Voilà, voilà notre histoire, quoique bien décolorée ; l'histoire d'un seul peuple ; l'histoire de 25 ans seulement ; l'histoire de 25 ans, enfin, pendant lesquels nous avons joui de ce fortuné système, de l'élection !

A l'élection, nous devons tous ces désastres.

Avec la légitimité, nous les eussions ignorés à jamais.

Et comment l'élection, dans un grand état, produirait-elle autre chose que trouble et mauvaise administration? C'est là sa nature.

Les champions du droit d'élection ne manquent jamais de mettre emphatiquement, en opposition, les avantages d'un choix éclairé, avec les inconvéniens de la naissance, qui, n'étant qu'un hasard, doit donner des résultats aveugles.

II. Que l'élection de sa nature n'est jamais l'œuvre des bons et des sages.

A les entendre, l'élection ne se trompe jamais. La bonne foi la détermine toujours. Toujours les sages de la nation sont consultés. C'est toujours un héros, l'amour des peuples et l'orgueil de la patrie, un prince rempli de justice, de modération, de force et de vertu, qui reçoit le diadême.

S'il en était ainsi, périsse, en effet, la monarchie

héréditaire ! Jamais, il faut en convenir, elle ne pourra donner aux peuples une série de souverains tous modelés sur ce portrait. La légitimité donne au trône des hommes seulement ; un héros de loin en loin, car les héros sont rares ; presque toujours des hommes ordinaires, dans lesquels se trouvent mêlées les imperfections et les vertus communes.

Voilà les princes que produit la légitimité.

L'élection les donne-t-elle meilleurs ?

Laissons d'abord aux romanciers tous ces tableaux fantastiques de l'amour général qu'on porte à la patrie. Qu'ils parlent, comme d'une vertu commune, du désintéressement qui fait que, parmi les citoyens, il n'y a jamais de rivalité, parce que ceux qui reçoivent le commandement ne l'acceptent, et leurs compétiteurs ne le recherchent, que par dévouement. Qu'ils vantent, enfin, tant qu'ils voudront, l'esprit public, le discernement et la stoïque impassibilité de leurs électeurs.

C'est avec ces brillantes sornettes qu'on nous a perdus. L'on nous a persuadés que nous étions des Grecs et des Romains. Ainsi l'on nous a empêchés de rester des Français. Nous avons nos vertus sans doute, appropriées à notre siècle, à l'état des mœurs, à notre existence politique : mais nous n'avons les vertus politiques, ni des petites républiques, ni des temps anciens. Ce n'est plus dans les grandes et vieilles sociétés que se trouvent beaucoup de Regulus et de Catons : et si, par hasard, il s'en trouve un, ce serait un bien autre hasard qu'il fût propre au gouvernement ! Chez nous, il n'est si petite place qui ne soit l'objet de mille intrigues. Parmi les électeurs, citez-moi cet homme rare qui donnera sa voix au plus digne et qui ne lui préférera pas toujours son frère, son cousin ou son ami. Me trompé-je? Est-il quelques électeurs qui sacrifieront l'intérêt et l'affection à la conscience? Soit. Du moins il en est peu : et, dans les élections, ce n'est pas peu de voix qu'il faut; il en faut beaucoup. Or, s'il en faut beaucoup; reste la proposition. Le grand nombre choisit par passion : c'est-à-dire qu'il choisit mal.

Et pourtant nous ne parlons que de misérables élections, qui ne valent, ni vénalité dans les électeurs, ni ambition portée jusqu'à la fureur dans les candidats.

Parlons de l'élection royale.

L'éclat d'une couronne a bien un autre attrait qu'une place au corps législatif ou que la ceinture d'un maire de ville. Que de crimes a produit la soif de régner! Anglais! qu'on nous vante si souvent, votre histoire en est pleine : et vous vous êtes déchirés durant beaucoup de siècles, pour n'avoir pas assez religieusement tenu au principe sauveur de la légitimité! Malheureuse Pologne! Tu le sais aussi toi, qui, comme ces hommes condamnés, par leur organisation inquiète, à ne jamais connaître la paix pendant leur vie, n'as pu te reposer de tes longues agitations que dans le tombeau!

Quand il s'agit d'une couronne élective, c'est-à-dire, offerte à toutes les ambitions, quel jeu de passions, et dans les prétendans au trône, et dans ceux qui sont saisis du droit d'en disposer! Dans les premiers, combien d'ardeur proportionnée à la valeur du bien qui en est l'objet; d'intrigues, de souplesse, de violences, de fureurs! Qu'il faut, aux seconds, de générosité pour repousser la corruption, de courage pour braver les périls, de constance pour rester inébranlable au milieu du choc des factions!

En bonne foi, dans cette espèce de cahos où ne règnent que désordres et tempêtes, peut-on espérer de rencontrer beaucoup d'esprits sages et paisibles ! La lutte des intérêts finit par être hideuse à voir, comme la résistance aux passions d'autrui par être fatigante. La lassitude et le dégoût s'emparent bientôt de ceux qui ne sont menés dans la carrière publique que par des sentimens généreux. Ils abandonnent le champ à des fureurs qu'ils ne peuvent ou n'osent plus contenir. Ils se retirent et vont, loin de ces assemblées orageuses, lever les mains vers le ciel, et former des vœux impuissans, pour le bonheur public. Les cliens des ambitieux, les esprits turbulens, quelques hommes opiniâtres, peut-être, restent. L'élection se fait. On voit quelle elle peut être.

Supposons même aux bons citoyens encore plus de vertu. Accordons qu'ils resteront. Ils sont le petit nombre. L'élection se fait avec eux, comme elle se fût faite sans eux. La sagesse succombe toujours. La faction triomphe. Le plus digne emporte de l'estime. Le plus ambitieux, c'est-à-dire, le plus méchant, obtient la couronne.

Si ce n'est pas là l'histoire de toutes les sociétés, si ce n'est pas la nôtre sur-tout, niez donc ce qui s'est passé chez nous depuis que nous avons tenté d'essayer d'autres gouvernemens et d'autres dynasties.

Nous avons eu bien assez de ces assemblées politiques, ou l'on délibérait sur nos plus chers intérêts ou sur le-choix des hommes qui devaient nous dominer ! Et là bien d'autres considérations nous appelaient que le Platonique amour de la patrie. Nous avions appris, par une cruelle expérience, que nos fortunes et notre vie dépendaient de la sagesse des choix. C'était donc notre égoïsme qui nous pressait d'aller exercer notre droit de cité, Si jamais les sages et les bons durent secouer cette espèce d'apathie, qui, chez les grandes nations, refroidit trop d'individus sur les fonctions sociales, c'était bien dans de telles occasions. Que se passa-t-il alors ? Toute la France le sait. Les sages et les bons, par une sorte de découragement presqu'aussi coupable que l'activité des méchans, laissaient ceux-ci se remuer seuls. Ils restaient renfermés dans leurs maisons, attendant les constitutions et les maîtres qu'on voulait leur donner. Le lendemain, on apprenait avec indifférence, dans les gazettes, que la constitution républicaine, le gouvernement révolutionnaire, la constitution directoriale, la constitution consulaire, la constitution impériale avaient été acceptées, par la nation, *à une grande majorité* : et, le surlendemain, on marchait à l'échafaud, à la déportation, ou bien à la guerre européenne.

Les élections se sont ainsi faites chez nous.

Voilà comme elles se font par-tout chez les nations populeuses et privées de vertu politique. D'où il suit que l'élection doit produire plus de mauvais souverains que la légitimité.

Loin, loin toute adulation. Si la vérité doit être dite aux peuples, elle doit être également dite aux rois. C'est ce pacte social, c'est l'intérêt des peuples qui fait des races royales, des races privilégiées. La nature ne les fait pas telles. Selon les lois de la nature, le sang des monarques est le même que celui des sujets. Tous sont hommes; ont les mêmes vertus, des vices pareils, des vertus communes. Mais c'est précisément parce que la succession au trône y fait monter des hommes *comme les autres*, qu'elle produit moins de mauvais rois que l'élection.

III. Que la légitimité donne moins de mauvais souverains que l'élection.

Ce ne sont pas les hommes *comme les autres* qui font le malheur de leurs sujets. Ce sont des hommes *autrement que les autres.*

Les hommes comme les autres n'ont pas de grandes vertus. Ils n'ont pas de grands vices non plus : et les grands vices sont bien plus pernicieux pour les états que les grandes vertus ne leur sont utiles. Qu'un roi soit honnête homme, qu'il ne fasse rien de brillant, qu'il ait des qualités seulement; sans doute on ne citera pas l'éclat de son règne : sous lui, son peuple ne se couvrira pas de gloire; les arts, peut-être, chemineront plus lentement ; il n'y aura pas de grands biens, il n'y aura pas de grands maux ; et si l'on n'a pas à se vanter d'avoir vu le sceptre en de telles mains, il n'y aura pas, non plus, quand le roi cessera de vivre, beaucoup de familles qui pourront lui reprocher leurs malheurs. Tout aura été obscur ; tout aura été tranquille.

Je sais qu'on a beaucoup médit des rois fainéans. Il est, sans doute, dans la vie des empires, des époques où la nullité du prince devient un vrai fléau : c'est quand elle concourt avec la vétusté de la machine politique. Quand rien ne marche plus, si le souverain est trop inhabile pour remettre rien en mouvement, la machine tombe d'elle-même : et c'est alors que la fatalité engendre cet événement, terrible pour les nations, d'un changement de dynastie, sans que personne l'ait appelé par des vœux impies.

Mais, hors cette coïncidence, les rois fainéans font peu de mal. Dirai-je ma pensée? Ils font quelquefois du bien, si c'est faire du bien aux hommes que de leur laisser, toute entière, la somme d'années et de jouissances que la nature leur accorde. Heu-

reux! cent fois heureux! les peuples sur qui régnè-
rent les rois dont l'histoire taît les noms! On s'assoupit
en lisant les fastes de ces périodes insignifiantes :
mais leurs contemporains dormirent aussi. On n'y
trouve point ces récits dramatiques qui plaisent tant
aux lecteurs. Point de trônes qui s'écroulent, point
de malheurs célèbres ou de fortunes qui confondent
l'esprit humain ; point de ces génies qui apparaissent,
la foudre à la main, pour tout réduire en poudre ;
point de ces guerres miraculeuses où la puissance
humaine semble s'élever au-dessus d'elle-même. La
Syrie ne voit pas fondre sur elle des guerriers d'une
autre religion. Les sables de l'Égypte n'ont pas bu
le sang des Français. Des soldats n'ont pas révélé
au monde savant les mystérieuses pyramides. Les
flammes de Moscou ne viennent point frapper de
leurs sombres lueurs les yeux des nations conster-
nées. Ses tristes vainqueurs ne marquent pas, de leurs
ossemens, la longue route qu'ils ont parcourue pour
aller donner ou recevoir la mort. Une Bérésina n'en-
gloutit point, pour jamais, dans son sein, tout ce
qui, d'une intrépide et brillante armée, avait échappé
au fer de l'ennemi. Rien, rien, en un mot, qui soit
une matière d'épopée. Le roi est né ; le roi est mort :
voilà tout ce qu'on en peut dire. On chercherait
vainement ce qu'il fit entre ces deux termes. Ses
sujets vécurent et moururent aussi : et l'on ne sait
rien de plus de la vie des sujets que de la vie du
prince. L'on n'en sait rien, ingrats! Par cela même
que l'histoire languit, on sait que ces sujets, obscurs
comme leur roi, ne furent pas arrachés à leur paix
domestique par la rage de l'esprit de conquête ; qu'ils
conservèrent leurs enfans ; qu'ils fournirent à leur
gré, quoique sans éclat, toute leur carrière ; que les

guerres, les massacres, les grandes transmigrations d'armées, toutes condamnées à mourir, les boule-versemens de fortune, les proscriptions, les discordes civiles, les haines et les vengeances de nation à nation ne les désolèrent pas; que chacun vécut de son métier, vécut dans sa famille, cultiva l'héritage paternel, put se rendre heureux et rendre heureux les autres à sa manière, sans que la main toujours agissante d'un prince impitoyable vînt, à chaque instant, changer les destinées de ses déplorables contemporains, déplacer leurs intérêts, et les arracher violemment à leurs plus chères affections. Voilà le bonheur qu'on peut goûter sous des rois qui ne sont que *des hommes comme les autres*, qui n'ont pas même de grandes vertus, qui même ont des défauts. Et, encore une fois, c'est là, si cette expression m'est permise, *le courant* des rois que donne la légitimité.

L'élection au contraire, il est trop vrai, ne donne jamais de ces caractères simples et communs. Toujours ce sont des hommes autrement que les autres.

Quand on n'est pas né sur le trône, il ne faut point, pour y arriver, être un homme ordinaire. Les hommes ordinaires restent dans la sphère où le hasard les fit naître. Ce que ceux-ci font par incapacité, les hommes vertueux le font par bon esprit. Comme ils connaissent leurs semblables, ils se soucient peu de leur commander. Ils ne veulent pas être rois ; ils savent que le trône est environné de plus de chagrins que de jouissances. D'ailleurs ils ne se montrent pas ; on ne les connaît pas : et, après tout, quand on les connaîtrait, les temps sont bien loin où les peuples allaient offrir le diadême à l'homme de bien qui servait les dieux en silence et cultivait obscurément son champ.

Ainsi, dans les élections, jamais un sage; toujours un chef de parti; souvent un génie très-inquiet, très-remuant, et ordinairement un guerrier, dont la triste gloire même n'est souvent qu'un augure de plus, des malheurs réservés aux peuples sous son règne.

Trop heureux, au reste, ces peuples, si leur nouveau monarque n'est pas pire encore! Mais s'il a fallu quelque grande violence pour s'approcher de la couronne, s'il n'a pu se défaire d'un compétiteur dangereux que par le fer ou le poison, croit-on qu'un ambitieux ait reculé devant ces crimes? Il les commet. Son argent, ses menaces, ses promesses font le reste. Les électeurs sont séduits. Au besoin ils sont égorgés. Enfin le voilà sur le trône : nations, prosternez-vous! voilà votre roi.

N'est-ce pas, en effet, là ce qu'enseigne l'histoire?

Relisons encore la nôtre. Sans remonter bien haut, revoyons ce qui s'est passé durant nos dernières années. Ceux que nous avons élus pour nous gouverner.

Dans l'empire romain et dans celui de Constantinople on élisait aussi. Quelle succession de forfaits et de monstres! Quel bonheur pour les peuples d'avoir reçu les lois des Néron, des Caligula, des Tibère, des Héliogabale. Rien n'y peut être comparé que le bonheur d'avoir porté le joug de d'Anton, de Robespierre et de Napoléon.

Qu'on dise tant de mal que l'on voudra de notre Louis II, fort indigne assurément d'être mis en parallèle avec aucun de ces énergumènes anciens ou modernes, on conviendra du moins que jamais l'hérédité n'a fourni une aussi abominable, une aussi féconde série de tyrans.

Toutefois j'entends une objection.

Il ne s'agit pas du tout de se jeter, pour jamais, dans les élections. On veut élire, une fois seulement, parce que les circonstances politiques l'exigent ainsi. L'ordre de succéder ensuite sera respecté.

Y pensez-vous?

Vous élirez une fois, puis vous n'élirez plus!

Mais quoi! En êtes-vous les maîtres?

En vertu de quel droit élirez-vous cette fois unique? Vous l'avez dit : en vertu du droit qu'a le peuple de changer de dynastie.

Jusqu'à présent les changemens de dynastie n'avaient été qu'une espèce de mystère politique sur lequel il semblait y avoir une sage convention tacite de garder le silence : c'était un fait non approfondi; et si, dans d'orageuses circonstances, on avait parlé des droits du peuple sous ce rapport, on avait regardé la thèse comme le vain paradoxe de quelques ambitieux en délire.

Mais il n'en va plus être ainsi si tout succède à vos vœux et si l'Europe entière reconnaît formellement votre doctrine.

Le paradoxe soudain se convertit en maxime de droit public. Reconnu, promulgué qu'il sera par tous les peuples et par tous les souverains, ce principe meurtrier devient un principe sacré.

Et que direz-vous quand on l'invoquera contre vous ?

Que direz-vous sur-tout quand vous aurez mis sur le trône un enfant de quatre ans, qui ne tire aucun droit de sa naissance, puisque vous niez cette espèce de droit; qui n'en tire pas de ses services, alors qu'il n'en a pu rendre encore; qui n'en tire pas enfin des conjonctures qui sont telles que jamais notre malheureux pays n'eût au contraire plus à souffrir d'une minorité ni plus besoin d'être régi par un souverain raisonnable autant que doué d'adresse et de prudence ?

Que direz-vous aux passions de tous ces anciens compagnons du père, qui peuvent bien feindre aujourd'hui de désirer le fils pour se débarrasser de la concurrence du roi légitime; mais qui, ce premier point obtenu de l'Europe et de vous, se trouveront fort à leur aise pour invoquer le droit du peuple de se choisir un souverain, et pour faire vouloir au peuple un nouveau choix en employant de nouvelles violences ou de nouvelles séductions ?

Que direz-vous, même, à leur raison; car enfin, chef pour chef, et si nous en étions réduits à cet excès de misère, la doctrine une fois accordée, encore vaudrait-il mieux avoir pour roi un homme qu'un enfant ; un Français, que le fils d'un Corse ; et un brave guerrier, capable de nous défendre au besoin et même d'en imposer à ses camarades, qu'un faible embryon qui ne pourra résister à nos premières discordes civiles, ni par la force de sa personne, ni par la force de son droit ?

Quand dans le fils vous récompenserez les prétendus services du père, ceux-là n'auraient-ils pas de droit au trône, qui, plus excusables que leur chef, parce qu'ils n'étaient pas toujours dans la confidence de ses desseins extravagans, plus nobles aussi, puisqu'ils n'agissaient pour nul intérêt personnel, vous demanderont, tour-à-tour, dans votre nouvelle doctrine le prix de leur sang, de leurs services et de leur valeur ?

Vous n'auriez rien à répondre.

Malgré vous vous seriez entraînés d'élection en
élection. Vous couronneriez une seconde fois un sol-
dat. Un troisième ne tarderait pas à se présenter. Si
vous ne l'écoutiez pas, il en appelerait à son armée ;
et bientôt vous auriez aussi votre bas empire ; vos partis militaires se déchirant les uns les autres ; vos
monstres couronnés ; vos encans de couronnes ; vos
gardes prétoriennes ; vos empereurs passant tous les
ans , et quelquefois plusieurs dans un mois , du
camp au trône et du trône au gibet ; vos proscriptions de chaque règne ; enfin le déchirement de
la France partagée en autant d'états qu'il se présen-
tera de compétiteurs assez forts pour en arracher un
lambeau , et morcelée au point qu'elle finira par dis-
paraître aux regards , et par être effacée du rang des
nations.

Eh ! pourquoi donc, au surplus, ce bouleversement que nous demandent d'opérer nos maîtres en
droit public ?

Il est nécessaire, disent-ils : sans lui point de liberté ; sans lui des réactions.

S'ils ne nous trompaient pas, il faudrait gémir sur
nos maux ; car il serait bien à craindre que, loin
d'en guérir par le dangereux remède qu'ils nous in-
diquent, ce remède ne fît que nous mener à un état
désespéré.

Mais ils nous trompent.

Leur grande objection, que les nations ne sont pas
de vils troupeaux, qui puissent devenir la propriété
d'un maître, n'est qu'un ridicule abus des mots, indigne de figurer dans ces grandes thèses où s'agite
le bonheur du monde.

Les déclamations tuent le bon sens.

Le bon sens méprise les mots. Il apprécie les choses. En jugeant avec sagesse les institutions sociales, on se convainc de plus en plus que dès que l'élection ne vaut rien aux nations, l'hérédité dût devenir, non pas seulement une *concession* toujours révocable faite par le peuple, mais une *convention* entre le peuple et son roi, c'est-à-dire, un droit, une propriété dans la famille royale.

Vers la fin du siècle dernier, un philosophe qui avait beaucoup vu, avait eu le malheur d'être mené par ses observations jusqu'à nier la vertu. Selon ce morose analyste, les hommes ne font rien par l'amour du bien. Patriotisme, honneur, probité, générosité, sentimens, tout aboutit, en dernier terme, à l'intérêt personnel. L'intérêt personnel est le mobile exclusif des actions humaines. Tout s'explique par cette cause secrète. Il n'est pas jusqu'aux sacrifices les plus héroïques faits à la patrie, ou jusqu'au dévouement de l'amour le plus exalté dont il ne voie le principe dans l'égoïsme. Décius, Caton, d'Assas, Léander n'ont pas trouvé grâce devant ses yeux. Les trois premiers, quand ils consentaient à mourir, échangeaient une vie périssable contre une impérissable renommée à laquelle s'attachait leur robuste orgueil, sans songer à peine à la patrie ; tandis que le dernier, dominé plus par le besoin d'aimer que par celui de vivre, bravait la mort pour obéir à son organisation encore plus qu'au sentiment. Et ce qu'il y a de plus extraordinaire, c'est que, au dire de ceux qui le connurent, l'auteur de cette humiliante doctrine était la noblesse et la bonté même.

En opposition à ce système, nous avons été assourdis, depuis 1789, de rabâchages éternels sur l'excellence du genre humain. Jamais on n'a tant parlé de l'ardeur pure pour la liberté, du saint amour de la patrie, d'héroïsme, de désintéressement, d'humanité, de la préférence qu'on donne aux autres sur soi-même. Aussi est-ce bien essentiellement sous la sauve-garde de la grandeur d'ame qu'il faut, nous a-t-on dit, placer les destinées publiques sans les mettre en contact avec les faiblesses humaines. Jamais, jamais d'intérêt personnel dans les grandes places. Tout pour la vertu, pour le peuple, pour la patrie. Ce sont des Régulus, des Épaminondas, des Aristides qu'il faut faire monter sur les chaires curules : et, quand on voudra les bien chercher, on en trouvera par centaines. Il est même facile de pénétrer, dans les modestes sous-entendus des philantropes, qui nous ont fait ces consolantes révélations, qu'il ne tiendrait qu'à eux tous de se citer en exemples de leurs assertions. A défaut d'indications directes ils ne manquent pas de nous mettre sur la voie par l'emphatique étalage de leurs nobles sentimens; après lesquels vient la conduite que tout le monde sait : comme si, pour consommer le contraste qui règne entre les deux doctrines, les apôtres qui les prêchèrent avaient pris à tâche d'en mettre un tout aussi frappant entre leurs actions !

A laquelle des deux devons-nous croire?

Penserons-nous qu'il n'y a pas un seul homme vertueux, ou bien que tous les hommes le sont?

Ni l'un, ni l'autre.

Il y a de la vertu, il y a de l'égoïsme : et il faut pourtant bien le confesser à notre honte; c'est l'égoïsme qui prédomine dans l'organisation humaine.

Chaque jour nous éprouvons que ce qu'on remet à la garde de la probité se perd. Tout ce que l'on

confie, au contraire, à l'intérêt personnel, est soi-
gneusement conservé.

Éclairé par cette grande lumière de l'expérience,
un peuple doit, quand il s'agit de son salut, appeler à son secours, non pas la vertu qu'il entend
rarement, mais l'intérêt personnel qui répond toujours. C'est sur ce dernier mobile, et non sur le
premier, à moins qu'il ne veuille bâtir sur le sable,
qu'il doit élever celles de ses institutions dont il ne
peut se passer. Si donc de l'hérédité dépendent son
repos, son bonheur, et, comme nous le verrons tout-à-
l'heure, sa vraie liberté, il faut qu'il passionne le
roi lui-même pour la royauté; qu'il lui donne un
grand intérêt d'être roi; qu'il lui en donne le droit;
qu'enfin il fasse du trône, pour son propre intérêt,
à lui peuple, une propriété du roi.

Et ce qu'on dit de la royauté, ce n'est pas seulement de la royauté qu'il faut le dire : c'est de toutes
les institutions sociales dont on a besoin. Leur per-
fection est qu'elles soient tellement combinées que
celui à qui la durée en est confiée ait, en effet, à
les maintenir un intérêt très-pressant. Si jamais on
les attaque, il vole à la défense de son patrimoine :
sans s'en douter, il a défendu la chose publique.
La passion a fait ce que, peut-être, n'eût pas fait
la vertu.

Loin donc qu'on fasse le procès à la royauté, en
lui reprochant de servir, en un haut degré, l'intérêt
du monarque, on ne peut faire une plus belle apo-
logie de son excellence.

Mais parce que le trône est la propriété du prince,
ce n'est nullement une conséquence que l'hérédité
soit incompatible avec la liberté publique.

En quoi le serait-elle? Quoiqu'on se soumette si nécessairement au principe conservateur de la légitimité, où donc est l'impossibilité de posséder les lois, qui, contenant le pouvoir du prince dans des bornes justes, c'est-à-dire, ni trop restreintes, ni trop reculées, établissent tous les droits dont il importe réellement aux sujets de jouir, l'égale aptitude aux emplois, la responsabilité des ministres, l'égalité des contributions, le concours d'une représentation nationale dans la confection des lois, etc. ?

Ne dirait-on pas qu'on n'en peut jouir que sous les monarques élus, et qu'on n'en jouit jamais sous les monarques légitimes, en sorte que nous avons eu bien plus de liberté publique sous Napoléon, que sous Louis XVI ou sous Louis XVIII?

§ II. *Que l'état de l'opinion en Europe ne peut permettre à la légitimité de dégénérer en despotisme.*

Qu'on ne s'y trompe pas. Au point où nous en sommes, nous n'avons pas besoin de nous agiter beaucoup pour obtenir des contre-poids à l'autorité royale. L'opinion en fera cent fois davantage, en ce genre, que tous les mouvemens populaires, les élections et les réélections de rois, propres, tout-au-plus, à dissoudre les sociétés.

Cette opinion est-elle un mal? est-elle un bien? Nous n'avons pas à examiner ce point. C'est un bien, sans doute, si, réglée par le bon sens, elle s'arrête au terme qu'elle ne peut franchir sans compromettre le salut public, comme, en France, elle l'a trop souvent franchi depuis vingt-cinq ans. C'est un bien, si elle se contente d'éclairer. C'est un mal, si elle incendie. Mais, encore une fois, mal ou bien, elle existe; elle existe par-tout en Europe; elle marche; elle entraîne; elle commande aux esprits froids ainsi qu'aux têtes ardentes; elle agit sur les sujets restés fidèles à leurs rois, comme sur ceux qui les ont chassés; elle meut les souverains eux-mêmes. Nous avons allumé le fanal ou le bûcher : et la lumière ou les flammes ont gagné tout le continent. Par-tout les rois se relâchent de la partie de l'autorité que l'imperfection humaine avait rendue excessive. Tous ils reviennent au pouvoir modéré. Tous ils donnent des constitutions à leurs peuples. Dans vingt ans, il n'y aura, nulle part, de despotisme en Europe. Ce sera, certes, un grand bienfait envers l'espèce, pourvu qu'on s'arrête à la destruction du despotisme, et qu'on n'aille pas jusqu'à la destruction de l'autorité tutélaire. C'est à l'exemple des Français, à leurs déchiremens intérieurs, que l'Europe sera redevable de cette modération du pouvoir et de la disparition des grands abus dans les gouvernemens héréditaires. Restons-en là. Après avoir été, cela se peut encore, à nos dépens, les bienfaiteurs de l'Europe, n'en devenons pas les fléaux, en achevant notre ruine, qui, peut-être, la menerait à la sienne. Demeurons libres enfin, et ne nous perdons point dans la licence.

Et comment, avec ce roi d'une bonté si touchante, d'une raison encore supérieure à sa bonté, et d'une modération dont l'histoire n'offre aucun exemple, pourrions-nous craindre la servitude ? Il voudrait, en vain, nous l'imposer. Il y a, dans les esprits, un trop universel érétisme pour s'y plier. Mais il ne le voudra pas, lui, dont c'est le besoin de chérir son peuple, quand ce ne serait pas sa politique, et quand il ne sentirait pas qu'il est nécessaire de ménager des imaginations devenues si difficiles. Il ne le voudra pas, quand les autres rois, qui, comme lui, ne se sont pas formés à l'école du malheur, font, par de sages calculs, ce qu'il nous a prouvé vouloir faire par sentiment et par conviction.

Non, non : nous n'avons point, sous notre roi légitime, à redouter l'esclavage. Nous avons bien plus à redouter nos propres écarts. Prenons garde qu'ils ne nous entraînent au-delà de la liberté, et qu'à force de la vouloir, nous n'oublions qu'il importe à sa conservation même que la royauté conserve aussi le pouvoir dont elle a besoin pour la défendre.

V. Qu'il y aurait un grand danger pour l'intérêt du peuple de trop affaiblir l'autorité royale. La liberté n'est que l'exacte application des lois faite *à tous*, sans que jamais rien d'arbitraire, de la part de qui que ce soit, dans l'état, puisse entraver leur puissance.

Sans doute, on a fait quelque chose pour la liberté, quand on a prévenu l'arbitraire du souverain et des ministres. Mais comment empêcher l'arbitraire des factieux et de la multitude, dont nous vîmes, apparemment, assez d'exemples qui font frisonner, pour n'être pas tentés d'en courir, de nouveau, les effroyables hasards? Il n'en est qu'un moyen : c'est que, tout en modérant l'autorité royale, on lui laisse assez de ressort pour comprimer les factieux et contenir la multitude.

Aujourd'hui, plus encore que dans les temps ordinaires, l'autorité royale a besoin de n'être pas énervée.

Nous sortons de l'anarchie. Entraînés par les ergoteurs dans toutes les profondeurs de la politique, chacun a fait son contrat social à sa guise : et plus d'une bonne tête, assurément, s'est égarée. Qui n'a pas raisonné, déraisonné même, à son gré? Les passions aux aguets se sont emparées du délire pour en profiter. Les ambitions sont accourues de toutes parts. La destruction s'est opérée. Ce fut à qui se saisirait des débris. Les plus habiles ont construit, avec ces débris, leur propre grandeur, dont ils ne veulent plus descendre. Il en est qui brûlent de les imiter. Ils ne demandent pas mieux que de voir s'établir du mouvement. Le mouvement amène toujours des combinaisons nouvelles, où chacun espère de trouver son bien. Celui qui a, veut avoir encore ; celui qui n'a pas, acquérir ; celui qui n'a plus, recouvrer. Celui qui fut maltraité, désire être vengé. Les hommes des divers partis s'observent pour s'attaquer, si l'occasion s'en présente. En de telles circonstances, avec un gouvernement faible, et garotté de toutes parts, que devient l'ordre public?

Même dans les temps les plus tranquilles on a vu qu'un gouvernement débile peut causer presqu'autant de maux qu'un gouvernement tyrannique.

Il faut que la loi soit forte et se fasse obéir.

Mais la loi n'agit pas par elle-même.

C'est le roi qui l'a fait agir.

Il faut donc que le roi soit fort.

Il faut qu'il le soit pour l'intérêt du peuple. Si des craintes personnelles le tourmentent, si pouvant être attaqué par tout le monde il n'a pas quelque chose d'énergique dans sa dignité qui fasse avorter les germes de rébellion, s'il a besoin de ménager tous les hommes et toutes les fonctions, parce que chaque homme et chaque fonction peut facilement leur nuire, que pourra-t-il pour le peuple, alors qu'on attaquerait le peuple dans ses intérêts? Ce sont en général les rangs intermédiaires qui possèdent les divers moyens de puissance et l'adresse de les faire valoir. Que les rangs intermédiaires forts de la faiblesse du roi et du défaut d'instruction du peuple, qu'il

est si facile de tromper, l'opprime, le roi ne pourra
que gémir. Il ne réprimera personne, parce que
tout le monde peut le faire repentir de sa justice.

Ni trop, ni trop peu : cet axiome de la sagesse est
applicable à la vie des états comme à celle des particuliers. Il faut à l'autorité royale des contrepoids
sans doute; pourvu qu'ils soient posés par la bonne
foi. Leur création doit être un acte de sagesse, non
un acte de haine. Malheur à tout état dans lequel,
sous prétexte d'établir l'équilibre, on ne pense réellement qu'à le faire perdre à la royauté : la royauté
se venge; elle entraîne le peuple dans sa chute.

VI. Que le respect envers la royauté n'est point avilissant ni contraire à la liberté. Parmi les forces dont la royauté doit être environ-
née, celle dont il serait plus impolitique de la serrer,
c'est la force du respect.

Le respect est une des plus grandes ressources de
l'autorité. C'est une ressource aussi qui ne coûte rien
à l'état. Le roi par le respect est plus sûr d'être obéi que
par la crainte; tandis qu'il est plus doux pour le peuple d'obéir au sentiment qu'à la violence. Le respect
prévient les excès; il calme les mouvemens séditieux;
il tient lieu de soldats. Quiconque aime l'ordre ne
peut vouloir l'éteindre. Aussi ceux qui le tentèrent,
sous le plus infortuné des rois, savaient bien ce
qu'ils faisaient. Ils déconsidéraient le monarque pour
bouleverser la monarchie. L'intérêt du peuple cependant est qu'on ne bouleverse pas l'état, puisqu'on
ne détruit pas l'état sans détruire les fortunes parti-
culières.

Ce n'est pas à dire qu'il faille rêver des rites obsé-
quieux et créer des formes adulatrices inconnues à nos
aïeux; mais il faut obéir aux usages antiques. Ce n'est
ni bassesse ni servitude. Le roi n'est point un homme;
c'est un roi; c'est l'organe, le représentant vivant de

la loi. Plus vous lui rendrez cette espèce de culte qui lui concilie davantage les cœurs, et plus vous l'éleverez au-dessus de ses propres passions par le sentiment de l'honneur. La liberté fléchit le genou devant la loi sans honte; la liberté n'a donc pas à rougir du respect qu'elle porte aux rois. Il ne s'adresse qu'à la noblesse de la fonction. Les premiers magistrats ne reçurent jamais plus d'hommages que de la part des hommes vraiment dignes d'être libres. Dans les beaux jours de la liberté romaine, le fils de Cincinnatus, ce vénérable vieillard, qui plusieurs fois avait été dictateur, censeur et consul, fut consul à son tour. Le père eut besoin d'aller trouver son fils. Il descendit de cheval, par respect, en sa présence. Cincinnatus voulait-il avilir la liberté ?

Ce respect, au reste, qui rend l'obéissance plus aisée, appartient sur-tout aux monarques légitimes. Là, il n'a rien d'amer. On vénère sans y penser ce qu'on a vénéré toujours. C'est pour les monarques qui ne le sont pas par la naissance que ce sentiment devient difficile, parce qu'il est tout neuf. Comment respecter beaucoup celui qu'on a vu sortir la veille des rangs du peuple, et pour lequel les uns ne nourrissent que de la jalousie, tandis que les autres ne peuvent se défaire de cette espèce de familiarité instinctive entre ceux qui furent égaux, à moins que la terreur ne vienne établir des distances.

La terreur, disons-nous ! Cette idée nous conduit à une autre : c'est qu'il s'en faut tant que la liberté soit incompatible avec la légitimité qu'elle doit espérer beaucoup plus d'elle que de la monarchie élective.

VII. Qu'il y a plus de liberté sous un roi légitime que sous un roi élu.

Un roi légitime monte au trône en vertu de son

droit ; c'est-à-dire, sans le moindre mouvement extraordinaire.

Il prend le sceptre avec calme.

Il gouverne avec tranquillité.

Avant qu'il règne, personne ne s'oppose à son avénement. Lorsqu'il a commencé de régner, l'idée ne vient à personne de le renverser.

Ceux qui l'entourent cherchent tous à lui complaire : car il répand des grâces.

Ses sujets obéissent sans qu'ils songent même que, dans un ordre de choses si vieux, il en puisse être autrement.

Rien ne fait ombrage au roi légitime. Il peut être jaloux de son autorité, parce que tous les hommes aiment leur autorité, et les rois comme les autres. Mais il ne peut l'aimer que pour agir, et non pour tourmenter : car, puisque personne ne lui donne de raisons de haine, il n'a personne, non plus, à persécuter.

Dans une telle situation, pourquoi deviendrait-il méchant à plaisir ? Un roi légitime cruel et outrageusement despote est, en quelque sorte, un être contre nature.

Il s'en est rencontré cependant, sur-tout dans ces temps grossiers, où la violence faisait le fonds des mœurs, tandis que l'ignorance frappait tous les esprits d'aveuglement. Il peut s'en rencontrer encore : et c'est pour cela que les contre-poids sont bons. Mais, par la nature des choses, ce cas sera fort rare. Comment, à moins de folie, lâcher la bride à de perverses inclinations, quand elles n'ont aucun motif où se rattacher ? Elles s'amortissent faute d'aliméns.

Un roi légitime aussi, par cela même qu'il est plus enclin à la bienveillance, se prêtera mieux au progrès des lumières ; il accordera plus de liberté publique ; il la respectera davantage.

En est-il ainsi d'un chef élu ? Non.

Les chefs élus, nous l'avons déjà dit, ne peuvent être que des hommes souverainement ambitieux.

Pour arriver au trône, ils ont vaincu de grandes difficultés, combattu des rivaux, commis peut-être des violences et des corruptions. Ils sont déjà tout façonnés à la dépravation.

De tels hommes, il ne faut attendre ni bonté ni liberté publique.

La liberté les effarouche ; elle met leur génie trop à l'étroit.

Rois aujourd'hui, hier simples particuliers, ils savent par expérience ce que c'est que la soif de régner. Les alarmes les environnent. Ils redoutent jusqu'à leurs propres généraux, dont ils ont été les camarades, jusqu'à leurs confidens et leurs amis, qui furent leurs égaux. Ils épient tout le monde ; ils ont des polices, des contre-polices, des délateurs et des commissions militaires. Chaque citoyen est incessamment forcé de leur rendre compte de sa conduite. Ils sentent le besoin de frapper, de temps en temps, de grands coups pour montrer qu'ils veillent. Toujours il arrive des occasions où leurs inquiétudes sont justifiées ; des conspirations éclosent, enfantées quelquefois par le patriotisme plus ou moins éclairé, plus souvent par la rivalité. Alors arrivent les chaînes, les procès criminels ou les proscriptions. Le sang coule. Le premier pas est fait : il coulera encore ; il coulera à flots, si l'intérêt du prince l'exige.

Ennemi de la liberté par tempérament, puisqu'il est ambitieux, sévère par nécessité pour prévenir les complots, un prince élu ne peut ni se complaire dans les franchises du peuple, ni risquer d'être clément.

Je me trompe : Auguste, car je veux oublier Marius, Sylla, Cromwel, Mazaniello, la folle tourbe des empereurs de Rome et de Constantinople, la tourbe plus atroce et plus folle encore des empereurs qui, sous divers titres, se sont succédés depuis 1790, sur le trône de France, Auguste fut un prince tout débonnaire. L'histoire l'a dit.

Il est vrai : l'histoire a dit cette absurdité : et c'est à côté de ce témoignage qu'elle a raconté comment Octave se baigna dans un fleuve de sang, comme si, pour n'être plus le même homme, il suffisait de changer de nom.

Le bon Auguste, quand il ne s'appelait pas encore ainsi, proscrivit seulement quelques milliers de citoyens romains, en commençant par son tuteur et par Cicéron. Louons sa douceur et ses vertus.

Auguste, comme ses émules en cruauté, fut, j'en conviens, un usurpateur, non un prince élu. Mais cet usurpateur le devint dans un système électif, qui depuis en produisit bien d'autres, parce que c'est en effet le vice radical de cette espèce de gouvernement de fournir les occasions et de donner le goût de l'usurpation.

La mémoire se confond à retenir tous les noms des Césars que la vieille Rome eut à la fois, des papes et anti-papes de la Rome moderne, des rois et des anti-rois qui se disputèrent la couronne de Pologne et d'Angleterre à la lueur des torches de la guerre civile.

Quand le principe de la légitimité n'existe plus, le prétexte est toujours là pour l'usurpation : l'ambition ne manque guères de s'en saisir.

Ce n'est pas à dire que dans le système électif il ne puisse y avoir quelquefois un bon roi. Mais d'abord la bonté du prince ne sert à rien dans ce système. Son règne est toujours court. Après deux années de gouvernement, Titus, les délices du monde, mourut empoisonné. Ensuite la question n'est pas s'il n'y a jamais de bons rois élus ; elle est de savoir si la légitimité n'en produit pas davantage et si elle n'est pas plus favorable à la liberté publique ?

Je crois avoir démontré qu'elle l'est.

Ajoutons que, sous un chef élu, il y a toujours plus de sources d'abus que sous les rois légitimes.

Le roi légitime est *dans sa propriété.* La fortune de sa famille est naturellement faite. Les propriétés de cette famille sont même liées à celles de l'état. Il a le devoir d'être juste sans avoir l'intérêt de ne l'être pas. Comme il ne fut jamais de moitié dans aucun crime, il n'est tenu d'en ménager aucun. Son honneur, son bien-être, son orgueil se confondent intimement avec ceux de sa nation. Son peuple et lui ne font qu'un. Aussi, parce que tout est à lui, rien n'est à lui : et s'il perd la couronne, il perd tout. Son état est d'être roi ; il n'en connaît point d'autre. Une fois qu'il occupera le trône, il s'avilit quand il en descend sans retour. Le trône, c'est sa vie. Voilà de bien puissantes raisons pour qu'il veille sur le bonheur public, comme sur le sien, et pour qu'il sonde les plaies du gouvernement avec l'intention droite et forte de les guérir !

Il n'en est pas ainsi d'un simple particulier de-

VIII. Que de sa nature le système électif produit plus d'abus que la monarchie légitime.

venu roi. Souvent il a des intérêts différens de ceux de son nouvel empire. Il n'est jamais aussi certain de sa position qu'un roi légitime. S'il a de la prudence, il fait ressource pour l'avenir. Il se compose un patrimoine particulier. Il en compose un autre à sa famille. Le népotisme des papes a fait proverbe. Nous savons à quoi nous en tenir sur la fortune de la mère, des frères, des sœurs, des alliés de Napoléon. Un chef élu, d'ailleurs, a des traités particuliers avec ceux dont dépendait l'élection. Ce sont des dettes d'honneur. Il faut qu'il les paie. Il est entouré de *né-cessiteux* de ses amis, de ses parens ou de ses connaissances, qui tous réclament l'amitié d'autrefois, les services passés, l'ancienne communion de vie. Ils ne les réclament pas en vain. Toujours du règne des chefs élus date un nombre immense de fortunes nouvelles. De là une grande surcharge pour le peuple.

Ce n'est pas tout. Dans la légitimité, le roi ne meurt jamais. Cette maxime si heureuse pour la tranquillité publique est heureuse aussi dans un autre sens pour l'état des particuliers. Aux changemens de règne personne n'a rien à redouter. Ceux qui appartiennent au roi légitime, appartiennent à la race. Les serviteurs du père sont les serviteurs du fils. Comme il y a eu, dans ceux-là, confusion de dévouement, il y a, dans celui-ci, continuation d'affection. Chacun, à bien peu d'exceptions près, conserve son emploi grand ou petit. Le nom du roi seul change. Tout le reste garde sa place. Ainsi nulle famille n'éprouve de convulsion dans sa fortune à propos de la succession au trône. Comme chacun sait d'avance qu'il vieillira dans son travail, il y porte plus de zèle ; il y acquiert de l'expérience, de la science positive, tout ce qui fait que chaque branche de l'administration est dirigée avec plus de connaissance de cause. Si la mort fait vaquer une place, le monarque peut mal choisir, parce qu'il est homme; mais en général pourtant il voudra bien choisir. Pourquoi ne choisirait-il pas bien ? Son intérêt y est comme celui de son peuple. Il n'est gêné par rien dans son choix. Il peut choisir entre tous et chercher, s'il le veut, le plus digne.

Rien ne se passe de cette manière sous le monarque élu.

Un monarque élu ne connaissait ni son prédécesseur ni ses créatures. Il a les siennes. Il a ses rapports tout particuliers. Parce qu'il est monté, ceux qui l'entourent dans un long rayon montent avec lui; c'est-à-dire que tout ce qui était doit se retirer pour faire place à tout ce qui veut être. Le nouveau chef l'ordonne ainsi; car il entend, d'un côté, faire du bien à tous ses amis, et de l'autre être sûr de tous ses instrumens. Il es contraint d'ailleurs de remplir ses promesses. Il voudrait en vain ou conserver ce qui fut, ou, dans ses choix de nouveaux venus, ne se laisser diriger que par son estime. Il n'en est pas le maître. Il est vrai qu'on s'est vendu à lui. Mais, lui aussi, il s'est vendu aux autres. Le marché doit être tenu. Les places se remplissent d'indignes sujets. Il faut des sénateurs : il nomme des assesseurs. On a besoin de financiers : il place des militaires. Le public voudrait apercevoir, dans les fonctions éminentes, des hommes, sinon d'une haute vertu, du moins d'une moralité commune : il les peuple de concussionnaires, d'ignobles débauchés, de courtisans dont l'incapacité n'est égalée que par leur bassesse. Si quelques-uns de ses généraux compromettent l'honneur national et quelquefois le destin de ses armées par leurs rapine seffrénées ou par leur férocité, il ferme les yeux. Il ferme les oreilles quand on se plaint à lui de quelques-uns de ses satellites auxquels il a livré le gouvernement des provinces. Il faut bien qu'il ménage ses complices.

A leur tour, au règne suivant, ceux-ci font place à d'autres qui les chassent au nom du nouveau maître et ne valent pas mieux qu'eux. Il est facile de juger ce que devient l'administration dans cette rotation rapide d'ignorans ou de méchans qui se succèdent. N'y eût-il que ce déplacement perpétuel d'individus appliqués à tous les degrés de l'action du gouvernement, ce serait un très-grand mal pour la chose publique ; car personne n'ayant le temps d'apprendre son métier, l'expérience n'arrive jamais pour rectifier les fausses vues. Chacun sachant aussi d'avance qu'au premier moment une vicissitude l'entraînera, personne ne met à son travail ni zèle, ni amour-propre. On ne s'occupe que d'une chose, c'est de faire de l'argent : et l'on s'en occupe avec d'autant moins de pudeur, que, si l'on est pris en faute, on est à peu près sûr de l'impunité de la part d'un chef qui doit beaucoup pardonner à ceux qui, directement ou de proche en proche, ont le secret des bassesses et des crimes de son ambition.

Pour achever ce tableau, et pour les preuves, je renvoie au souvenir de ce qui s'est passé en France depuis la révolution ; et je prie de compter, en conscience, les générations qui se sont succédées dans tous les emplois.

Ce n'est pas que sous la monarchie légitime il n'y ait des abus aussi ; je ne le nie pas ; mais il y en a moins : et n'oublions pas que nous comparons les sommes de maux que chaque nature de gouvernement peut produire. Or, c'est en faisant les comparaisons que nous serons forcés d'avouer que, dans les plus déplorables périodes de la monarchie légitime, nous ne trouvons pas un seul règne qui ne soit un règne de douceur, de bonheur et de liberté, à côté des règnes de Robespierre, du comité de salut public et de Napoléon.

Puisqu'il en est temps encore, réfugions-nous donc dans la légitimité. Il le faut, pour échapper à la fois, à nous et aux autres, à nos discordes d'opinions, à la guerre civile, à la guerre étrangère, au déchirement de la France.

En effet, nous voici sans gouvernement encore une fois. Napoléon est tombé. Il est tombé sans retour. Le prestige qui le protégeait est détruit. Napoléon a été battu; il s'est montré faible; il en est à sa seconde abdication. Il essaierait en vain de ressaisir l'autorité. Sa mesure est prise. Ce n'est plus le même homme. Il est rentré dans le vulgaire en se conduisant comme lui. Les espérances des ambitieux se sont rallumées. Ils savent qu'on peut l'attaquer, le décourager, le mettre en fuite. C'en est assez; ils ne manqueront pas de se prévaloir de sa faiblesse révélée. Nous mêmes, et nous tous, nous aurions la bassesse de vouloir redevenir à jamais ses sujets, cela ne serait pas en notre puissance. Avec lui nous n'aurions plus qu'un gouvernement précaire, livré désormais à tous les orages de la rivalité, et semblable en tout à ces déplorables et faibles gouvernemens qui précédèrent le sien. Mêmes querelles politiques, mêmes agitations, mêmes réactions d'un parti sur l'autre, jusqu'à ce qu'après avoir, pièce à pièce, perdu le reste de son autorité, Napoléon finît par perdre aussi la vie, et nous laissât flottant à l'aventure dans ce même vide politique dans lequel il nous prit.

IX. Que le retour à la légitimité peut seul nous sauver de notre perte.

Pour conjurer ces maux, il faut que nous retrouvions un gouvernement.

Lequel élirons-nous enfin?

Appellez vos sages : autant de têtes, autant d'avis. Il n'y a que quelques jours que vous n'avez plus d'empereur, et déjà vous voyez que vous ne vous accordez pas entre vous. Même sous lui, même après cet acte additionnel, qui n'a pas un mois encore d'existence, vous parliez déjà de modifications. Aujourd'hui vous ne savez plus où vous en êtes. L'un souhaite une régence; l'autre un gouvernement provisoire; ceux-ci proclament Napoléon II; ceux-là demandent qu'on reste dans une réserve équivoque. Plusieurs en secret veulent la république. Une poignée de scélérats médite un nouveau gouvernement révolutionnaire : et sûrement ils trouveraient encore bon nombre de sicaires dans cette foule d'hommes perdus de dettes et familiarisés avec la rapine, pour qui sera bon tout gouvernement sous lequel on pourra piller et tuer. Le plus grand nombre, la presque totalité des Français veut la monarchie. Mais parmi eux-mêmes il en est qui consultent : sera-ce un Bourbon? Quel Bourbon? Sera-ce un prince étranger? Au quel s'adressera-t-on? Quelles conventions fera-t-on avec lui? Enfin, les amis du pays réclament la légitimité. Eh! grand Dieu! comment nous reconnaître au milieu d'une si grande divergence d'opinions? Comment accorder tant de publicistes nouveaux?

Il n'en est qu'un moyen. Cessons ces tâtonnemens dangereux qui nous ont causé tant de malheurs. Revenons à ce que nous connaissons. La légitimité est un gouvernement tout fait, tout éprouvé. Nous savons ce qui en est. Nous savons qu'une nation peut y exister long-temps; y exister tranquille, heureuse et honorée ; y exister enfin : et nous n'existons plus. Nous savons que même ces époques, dont nous avons tant médit, avec quelque justice peut-être, valent cent fois mieux que nos trente dernières années. O mauvais temps de Louis XV! Si nous avions pu vous retenir en 1793! Si nous avions pu vous échanger contre les temps des campagnes éternelles d'Égypte, d'Italie, d'Espagne, d'Allemagne et de Moscou!

Fixons-nous dans la légitimité : nous voilà sauvés de l'embarras d'organiser un nouveau gouvernement; de faire, refaire, modifier, corriger et détruire constitutions sur constitutions ; de chercher ailleurs un roi sans savoir ni où, ni lequel. Enfin nous étouffons la guerre civile.

La guerre civile! A ce seul mot nos cœurs ne frissonnent pas ! Nos malheurs n'ont-ils donc pas encore fatigué notre constance? Regrettons-nous que tous notre sang n'ait point été versé jusqu'à la dernière goutte, et qu'il nous reste encore des enfans! Français! Généreux Français! Français sensibles et bons! Regardez autour de vous. Vous êtes couverts de gloire; mais vous êtes environnés de débris. Vous marchez de toutes parts sur les tombes de la génération qui devait vous survivre. La fleur de votre jeunesse a péri. Vous n'avez sauvé que les pupilles. Vos maisons sont remplies des veuves de vos jeunes fils, moissonnés avant le temps. Vos amis les plus chers vous ont été ravis. Si quelques-uns ont conservé la vie, ils errent autour de vous, mutilés, souffrans, maudissant en secret la gloire qui les a trompés, et tout haut la fortune qui les a trahis. Vos manufactures sont désertes, vos campagnes ravagées. Que voulez-vous donc faire encore? Vous dévorer vous-mêmes ! Livrer le reste de vos enfans à la double dépopulation de la guerre civile et de la guerre étrangère faite nationale ! Pour enflammer vos ames, pour convertir votre courage en fureur, on vous cite les Espagnols qui s'immolèrent à leur indépendance! Honneur, honneur éternel à cette noble nation qui n'a pas voulu des fers ! Du moins quand elle donna l'exemple de ce grand dévouement, vingt-cinq années de guerres et de malheurs n'avaient épuisé sa vertu, sa population ni ses ressources. Mais, quoi! nous, Français, après tant de calamités pour nous et pour les autres, n'avons-nous plus d'autre repos à espérer que celui de Sagonte et de Sarragosse? Le sort de la nation espagnole est-il notre dernière perspective? Voulons-nous comme elle métamorphoser notre France entière en un vaste cimetière, qui nous engloutira tous, amis et ennemis; voir tomber successivement en ruines chacune de nos cités bombardées; quitter les professions civiles pour devenir tous soldats; soldats ! que dis-je? pour devenir des sauvages, nous comportant comme eux, comme eux inventant des supplices nouveaux pour en tourmenter nos prisonniers destinés à périr par le plomb fondu, sur des grils, par mille martyres enfin que savent seuls imaginer la rage et la vengeance, et qu'en Espagne, du moins, elles n'employèrent que contre des étrangers, tandis que nous les employerions contre des frères? Voulons-nous, comme les Espagnols, fuyant de nos maisons brûlées par nous-mêmes pour que l'ennemi n'y trouve pas de refuge, n'en ayant pas sauvé même des haillons pour couvrir notre misère, aller dans les forêts disputer quelques grossiers alimens aux bêtes féroces, moins féroces que nous; voir périr de besoin et d'angoisse, sur la terre nue, la femme que nous idolâtrions, notre vieux père, nos enfans à la mamelle, tout ce qui nous fut cher; puis l'œil sec à force de douleurs, et le cœur endurci par le désespoir, venir au coin d'une haie épier un ennemi, hélas! un parent peut-être, pour lui donner ou pour recevoir de lui la mort! Les Espagnols ont fait tout cela. Mais ce n'était pas contre des Espagnols: c'était contre nous. Ils l'ont fait. Ils ont dû le faire: car on ne leur laissait pas d'autre parti à prendre. C'était un brigand heureux qui voulait leur arracher leurs lois, leurs biens, leurs mœurs, leur religion et leur souverain. Ils furent des héros. Ils auraient été des insensés, si c'eût été contr'eux qu'ils eussent tourné leurs propres armes. Et même en ne les tournant que contre l'étranger, ils eussent été des cannibales, s'ils ne se fussent battus avec cette férocité que par le plus absurde des points d'honneur, et uniquement pour ne point accorder à l'Europe de redevenir heureux et tranquilles, quand l'Europe le leur demandait.

Et vous, qui vous dites les amis de la liberté française et les champions de l'honneur national, est-ce là où vous voulez nous mener? Parmi vous il en est qui, purs jusqu'ici des maux de votre pays, n'agissez que par enthousiasme et par une folle confiance dans certaines théories dont vous croyez que l'essai n'aura rien de malheureux. Ainsi le croyaient vos téméraires devanciers. Misérable présomption! Ils ont failli nous perdre avec leurs rêves politiques: n'achevez pas leur ouvrage avec les vôtres. Ayez pitié de vous-mêmes; vous êtes encore innocens. Si vous saviez, si vous pouviez savoir combien vos modèles expient douloureusement dans leurs remords, non trop ignorés, tout ce qu'ils ont fait ! ayez la sagesse de ne pas risquer d'être entraînés ; sans le vouloir, dans tous les crimes dont ils vous ont montré le chemin. Songez que vos propres enfans paieront vos erreurs de leur bonheur et peut-être de leur vie. Vous délibérez : ils exécutent. Vous ordonnez : ils obéissent. Et quand vous décrétez des folies, vous avez signé leur arrêt de mort.

Abjurons donc, au nom du salut de la patrie, abjurons toute cette démence : prenons le seul parti qui convienne à l'intérêt de notre pays, et qui le remette en paix avec l'Europe.

Sous nos rois, la France fut heureuse, puissante, glorieuse et modérée. Elle n'inspirait pas d'alarmes à ses voisins ; mais elle ne les redoutait pas.

On sait ce qui s'est passé depuis.

Je ne veux pas commettre le crime de Chanaan.

Je dirai seulement que l'excès du malheur réduisit l'Europe au désespoir. Il s'agissait pour elle de combattre ou de n'exister plus. Elle prit un parti sans exemple. Elle se leva toute entière pour désarmer la France. Par sa noble résistance, par le peu qu'il s'en fallut qu'elle ne triomphât des efforts de tous les souverains de l'Europe, la France prouva bien assez pour le courage de ses enfans. Leurs ennemis eux-mêmes y rendirent gloire. Ils ont succombé pourtant, parce que la victoire se lasse, et parce que le nombre finit toujours par l'emporter. Deux fois ils ont été vaincus et la conséquence de leurs défaites a été l'invasion de l'étranger. Veut-on s'agiter encore et refuser la paix offerte à la seule condition de redevenir sensés ? Et qui sait où nous conduirait ce refus, et jusqu'où peut aller l'incerti-

tude qu'il jeterait dans les résolutions de l'Europe ?
Encore aujourd'hui elle-même elle tremblerait d'exercer contre nous trop de vengeances. Nos débris l'ef-
fraient. Elle ne saurait ni qu'en faire, ni comment
les distribuer. Elle n'ignore pas qu'elle doit, si nous
y consentons, ne pas attenter à l'existence de la nation française. Mais trop d'obstination à rejeter un
systême demandé par l'Europe, comme une garantie, peut entraîner les souverains coalisés loin des
conseils de leur sagesse, est-il prudent de faire courir au pays ce terrible hasard ? Ne méritons pas de
plus grands malheurs en luttant sans raison contre
la marche du destin. Bénissons-le plutôt de ce que,
dans cette marche immuable, il nous réservait,
au lieu de calamités nouvelles, la bienfaisante nécessité de reprendre un gouvernement qui, bon
de sa nature, est bon pour nous encore dans les circonstances, et nous restitue avec la légitimité un roi
que, dans le systême de l'élection, il faudrait élire,
si nous étions justes et sages.

C'est du fond du cœur que je crois que nul
roi ne pouvait mieux nous convenir que le nôtre.

Une bonté originelle ; de l'élévation dans les idées ;
de pacifiques inclinations ; un esprit très-éclairé et
beaucoup de connaissances de l'histoire, ainsi que des
formes diverses de gouvernement ; des manières
toutes françaises ; une modération extrême qui, même
par goût, lui fait respecter de la liberté tout ce qu'elle
a de vraiment utile à la félicité des sujets ; des mœurs
et dans le caractère, l'alliage parfait d'une simplicité
patriarchale avec toutes les grâces d'un esprit orné ;
enfin, une raison droite, et par-dessus tout, le courage de sacrifier des répugnances, qu'un vrai roi
seulement et le père de ses peuples pouvait immo-

X. Que la légitimité donne à la France un souverain tel qu'elle doit le désirer.

ler à la nécessité d'étouffer tous les souvenirs... France, je te le demande; tu l'as connu un an, est-ce là ton roi?

Tu l'as connu : quelle affabilité! quelle adresse ingénieuse pour relever, à leurs propres yeux, ceux qui avaient failli, et pour leur rendre le devoir plus facile! Que de mots du cœur qui auraient dû lui attacher tous les cœurs de ceux à qui il les adressait! Comme il parlait de la gloire française, lui qui lui devait son long exil! Où trouver plus de cette honorable confiance en ceux même qui furent ses ennemis, de cette confiance si digne d'être couronnée par plus de succès! Les amitiés ne se forment pas en un jour; mais s'il n'admit pas dans son intimité ces hommes, ou qu'il ne connaissait pas encore, ou qu'il ne connaissait que par leur malveillance pour lui, à qui donna-t-il les grâces lucratives, les commandemens, les emplois importans? Il fit plus. A qui confia-t-il la sûreté de l'état et la sienne? On parle de la grandeur d'ame d'Alexandre, à propos de sa conduite avec son médecin Philippe. Ce fut le trait d'un jour. Louis XVIII le renouvela chaque jour pendant un an. Il se remit, tout ce temps, au pouvoir de ceux qu'il avait droit de soupçonner, mais qu'il dut croire à lui parce qu'il était à eux sincèrement. Que de soins délicats pour ménager tous les orgueils, pour fondre ensemble toutes les opinions, pour concilier les institutions des diverses époques, en sorte que chacun conservât sa récompense des services rendus au pays, n'importe sous quel chef! La concorde était sur-tout l'objet de son culte. Il ne cessait de la recommander autour de lui. Lui-même il donnait l'exemple de l'oubli du passé : et qui l'aurait vu, au milieu de sa cour, distribuant ses attentions et ses bontés, souvent aurait été fort embarrassé de distinguer ceux qui long-temps avaient combattu contre sa cause de ceux qui ne l'abandonnèrent jamais. Il faut même le dire, car c'est la vérité : il fit assez d'honneur à l'espèce humaine pour établir entr'eux quelque différence; cette différence fut à l'avantage des premiers. Ce n'était, dans le roi ni refroidissement pour ses anciens amis, ni stoïque insensibilité pour les injures faites à la monarchie, ni même confiance aveugle dans les nouveaux convertis. C'était une conduite réfléchie. Il voulait être avant tout le père de la patrie. C'était elle, c'était le trône et la société française qu'il voulait sauver de la destruction. Qu'étaient-ce que les intérêts privés, les petites affections auprès de ce grand et capital intérêt! Il y fallait sacrifier tout; tout, jusqu'à la satisfaction de son cœur; tout, jusqu'au plaisir de donner la préférence de ses royales faveurs à ceux qui n'avaient jamais aimé que lui.

Tel fut le roi. Tel nous l'avons vu pendant tout le temps qu'il demeura parmi nous. Il ne s'est pas une seule fois démenti. Il fut si constant dans sa bonté, que les cœurs endurcis qui ne voulaient pas en être touchés, ne trouvaient pas d'autre moyen d'en affaiblir l'impression que de la faire passer pour un calcul : comme si, après tout, pour les hommes qui en jouissent, le calcul, en ce cas, ne produisait pas les mêmes résultats que la vertu; et comme si le genre humain ne serait pas trop heureux que les trônes fussent toujours occupés par ces trop rares hypocrites, qui passent leur vie toute entière à faire du bien, quoique sans mérite aux yeux de Dieu.

Ce que le roi fut, il l'est encore. L'ingratitude

le touche : elle ne l'irrite point. Nous avons plus besoin que jamais d'union ; il l'entretiendra parmi nous.
Il est temps que nous nous reposions de nos longues
agitations militaires : il n'est plus dans l'âge de la
guerre. Nous opposerons sa sagesse aux prétentions
de l'Europe. Nous profiterons sur-tout du respect
qu'inspire, même aux rois, un roi leur aîné, connu
pour sa probité. C'est avec lui qu'on pourra croire
aux alliances et se fier aux traités. Nous nous éclaire-
rons de ses méditations et de son expérience pour
nos institutions. Son exemple rendra la pureté aux
mœurs, aux manières de l'aménité. Sans intolérance,
il pratiquera la religion que les bons chérissent comme
un moyen qu'ils ont de communiquer avec le Dieu
qui les fit à son image ; que les vrais philosophes
honorent comme la seule consolation des malheurs
sans remède, et comme le lien social le plus énergique ; que les méchans eux-mêmes ne devraient pas
rejeter, parce qu'elle peut être leur rempart contre
de plus méchans qu'eux.

Ne balançons donc pas à voler tous dans ses bras.
Il nous les ouvre encore malgré notre ingratitude ;
jetons-nous-y : si ce n'est par amour pour lui, que
ce soit par amour pour nous.

Mais son gouvernement a fait des fautes. Cela se
peut. Peut-être en fera-t-il encore. Le roi n'est point
un ange. C'est le meilleur des hommes. L'infaillibi-
lité n'est pas le partage de la nature humaine. Il
ne s'agit point d'avoir un gouvernement qui ne fasse
point de fautes. Tous en font. Il s'agit d'avoir un
gouvernement généralement bon ; et le sien le sera.

N'est-ce pas le comble de l'injustice d'ailleurs de
compter si sévèrement avec les gouvernemens qui se

trouvent dans des circonstances auxquelles nul génie humain puisse pleinement suffire ?

J'ai entendu beaucoup de censeurs.

Tous ils étaient contradictoires entr'eux.

Chacun savait ce qui se faisait mal suivant lui. Mais personne ne pouvait dire, avec certitude, ce que dans ces circonstances il fallait faire. Croit-on donc qu'il soit si facile de se conduire sans commettre une seule faute, quand, après vingt-cinq ans d'exil, on retrouve son peuple aux prises avec l'Europe ; agité par des discordes intestines ; composé de royalistes, de républicains, de foux honnêtes, de foux méchans, d'hommes exagérés de tous les partis, de pillards et d'incendiaires, qui ne pouvant retourner à leurs perverses inclinations, n'attendent qu'un prétexte pour tout remettre en combustion, d'ambitieux détrônés qui veulent reprendre des grandeurs, d'ambitieux nouveaux-nés qui veulent avoir leur tour ?

Est-il bien extraordinaire qu'on n'ait pas contenté tout le monde ?

Au reste, ce que prouvent ces doléances en sens contraire des divers partis, dont chacun se plaignait également de ce qu'on ne faisait pas assez pour lui, et de ce qu'on faisait trop pour les autres, c'est que le roi ne voyait point de partis ou plutôt qu'il voulait les maintenir tous dans cette espèce d'égalité de situation qui fait qu'aucun d'eux ne peut devenir tyrannique envers les autres.

Heureuse disposition dans le prince, puisqu'elle

devient une garantie qu'il n'y aura pas de réactions !

X. Que la France, sous son roi, n'aura point à redou-ter de réaction.

Les réactions sont le grand mot dont quelques
hommes, qui, tout seuls, ont bien quelqu'intérêt à
le prononcer, veulent effrayer les faibles.

Si la royauté légitime revient, crient-ils par-tout,
plus de sûreté pour ceux dont les opinions révo-
lutionnaires ont été exagérées, plus de sûreté pour
les propriétés nationales.

Double imposture?

§ I. Qu'il n'y aura pas de réaction sur les personnes.

La royauté est revenue déjà. Elle a duré un an.
Elle a souffert un moment d'éclipse, comme par
magie, et sans qu'aucun esprit humain eût pu prévoir un événement tellement audacieux qu'il a vraiment tenu du prodige. Eh bien ! quels hommes a-
t-elle poursuivis ? Quelles propriétés a-t-elle permis
qu'on attaquât ? Les tribunaux ne sont-ils pas restés
composés des mêmes juges qui siégeaient sous Napoléon ? Si des particuliers indiscrets, qui étaient bien
loin d'agir dans les intentions du gouvernement, se
sont laissés aller à des passions personnelles, justice
a-t-elle été demandée ; justice a-t-elle été refusée ; et
serons-nous assez inconséquens pour rendre le roi
responsable de l'acte de démence échappé à quelques particuliers contre lesquels n'ont pas voulu se
pourvoir ceux qui en souffrirent ?

Le roi a donné sa parole. Il la tiendra. Il veut
la paix. Il la veut par-dessus tout. C'est la paix dans
le cœur et dans la bouche qu'il est entré en France.
Il y rentre avec les mêmes dispositions. Ainsi l'amnistie est tout-à-la-fois dans sa bonté comme dans
le pacte qu'il a fait.

Elle a d'ailleurs une garantie bien plus forte encore : c'est la nécessité.

La révolution a commencé par un délire, en quelque sorte général, et tellement général, que si l'on faisait la liste de tous ceux qu'elle séduisit, avec les preuves qu'aucun d'eux ne pourrait récuser, tel est bien fier aujourd'hui de son retour aux idées saines, qui serait forcé de rougir d'idées bien opposées qu'il a professées. Toutes les classes de la société, depuis les plus élevées jusqu'aux dernières en rang, nobles, parlement, militaires, courtisans, princes même, tout le monde en crut trop les pensées libérales, comme on les appelait dès ce temps, les abstractions philosophiques, alors en vogue, et surtout les désirs de perfectionnement politique dont on ne voyait que le but imaginaire qui était louable, sans en prévoir le résultat qui fut affreux. Au milieu de ce libertinage universel d'esprit, chacun a marché, l'un plus vîte, l'autre avec plus de réflexion, selon la différence des caractères. Celui-ci s'est arrêté d'abord, celui-là tard, selon qu'on avait plus ou moins de discernement. Les têtes très-ardentes et les cerveaux volcaniques se laissèrent entraîner bien plus loin que les autres. Dans l'enthousiasme qui allait toujours croissant par la réaction des fureurs communes, ce fut souvent à qui serait plus énergumène : genre de folie d'autant plus contagieux que beaucoup de maniaques, qu'il dominait, crurent sincèrement brûler de patriotisme. Enfin, les crimes nâquirent. Tout ce qui avait conservé un reste de raison ne manqua pas alors de s'épouvanter. Beaucoup d'entr'eux même voulurent revenir sur leurs pas. Vain repentir ! Il n'était plus temps. Le mou-

vement était imprimé à la machine. D'elle-même,
avec le simple appui d'un petit nombre de force-
nés que le crime n'effraya pas, parce qu'ils y trouvaient leur compte, elle continua de rouler, entraînant imposteurs et dupes, les apôtres et leurs Séy-
des ; entraînant aussi la grande masse des faibles qui
auraient bien voulu reculer, mais qui, ayant tant
fait en clameurs, en jactance, en convulsion, ne
pouvaient plus quitter le parti qu'ils avaient servi à
leur insu, et qui les menaçait de l'échafaud s'ils dé-
sertaient, pour revenir au parti de ceux qui s'étaient
retirés long-temps avant eux, et qui les couvrait de
son mépris. Ceux-ci même, s'ils furent plus heureux
que ceux qu'ils méprisaient, n'eurent pas à s'honorer beaucoup davantage de leur conduite. Ils ne
prirent part à rien : ils ne s'opposèrent à rien non
plus. Ils souffrirent tout en silence et sans qu'on
sut s'ils applaudissaient ou désapprouvaient. Leur
réserve fit leur salut. Leur conduite devint bien plus
prudente encore quand toute l'Europe, abandonnant
long-temps elle-même la cause des principes qu'elle
ne se trouvait pas assez forte pour défendre, contre l'énergie victorieuse de la révolution française,
consentit à traiter avec elle. C'est alors que toutes
les voies se corrompirent en France. Les hommes
les plus opiniâtres renoncèrent à l'impossible. Tous
finirent par croire qu'il l'était que la royauté revînt.
A la terreur succédèrent différens gouvernemens,
tous violens au-dedans, tous reconnus au-dehors,
et sous le joug desquels les Français continuèrent
à ployer la tête. Ceux même qui s'étaient condamnés au bannissement par attachement pour la cause
royale, revinrent l'un après l'autre sur le sol qui les
avait vu naître. Ils se soumirent aux gouvernemens

usurpateurs. Ce fut contrainte d'abord : bientôt ce fut spontanéité, puis ambition. On mendia les grâces de ces gouvernemens, leurs distinctions, leurs fonctions. Et comment de simples particuliers eussent-ils résisté quand l'Europe ne résistait plus? Elle gémissait ; ils gémissaient aussi : mais elle comme eux ils pensaient que l'aveugle fortune avait prononcé sans appel et que la cause juste était perdue. Les rois avaient fléchi. Le pape sacra Napoléon et sa femme. D'autres souverains, préférant leurs peuples à leur famille, contractèrent des alliances, ou demandèrent d'en contracter avec ce fléau des nations, dans l'espoir que leurs infortunés sujets seraient préservés de la destruction qui les menaçait. C'est ainsi qu'autrefois les Athéniens sacrifiaient quatorze de leurs jeunes gens par année au Minotaure. Ainsi Egée lui livra son fils. Vingt-cinq ans d'ailleurs avaient coulé. Il n'en est pas d'une révolution de vingt-cinq ans comme d'une émeute populaire de quinze jours. Une nation entière ne renonce pas pendant vingt-cinq ans à toute action, à tout travail, à l'avancement de ses enfans.

C'est dans cette situation des hommes et des choses que la Providence enfin, touchée de nos maux, nous rend le calme après tant d'orages, et fait succéder la royauté à tant de sanguinaires tyrannies.

Que fera la royauté?

Sera-t-elle sanguinaire comme elles?

Encore une fois, nous n'aurions pas le roi le plus paternel, son caractère et son noble cœur ne seraient pas des garanties suffisantes, que toute alarme à cet égard serait encore insensée.

Nous n'avons pas seulement l'amnistie de son bon naturel, nous avons de plus l'amnistie de la fatalité et du péché général. C'est bien lui qui, si quelques furieux sollicitaient des châtimens contre un coupable de révolution, répondrait ces douces paroles : qui lui jetera la première pierre ? C'est bien lui qui sentirait que les actions humaines se graduant par nuances imperceptibles, depuis le crime jusqu'à la vertu, quand une nation a été saisie par un délire universel, si l'on permettait de rechercher les individus, à la condition de s'arrêter sur la ligne qui sépare les opinions des crimes, autres que les crimes matériels, on ne saurait pas au juste comment la placer, cette ligne pouvant être ou plus reculée ou plus avancée au gré des passions, des jugemens faux et de l'esprit de parti. Il ferait ce qu'il a fait déjà. Il déploierait le testament de Louis XVI : et chacun y lirait son devoir, comme lui-même il veut y lire le sien.

L'amnistie toutefois n'a pas été respectée, se sont écrié quelques hommes, qui, un seul excepté, se sont voilé le visage pour n'être pas reconnus. On a pris soin de ne pas conférer les dignités à quelques hommes. D'autres ont perdu les places qu'ils occupaient.

Cela est vrai.

Il est vrai que quelques hommes, *en très-petit nombre*, de ceux qui avaient occupé de grandes places, ou n'ont pas reçu la pairie, ou n'ont pas conservé leur magistrature. Leur propre parti, quoiqu'il ait affecté de s'en plaindre bien haut, n'a pu lui-même en être surpris. A ce petit nombre d'exceptions près, tous le monde a conservé sa fonction.

Le roi fit plus.

Il consulta la capacité de chaque individu plus que ses sentimens : et ce fut jusques dans les courtisans les plus dévoués de Napoléon, et parmi ceux qui s'étaient montrés les plus fidèles, et fidèles le plus tard à la cause de l'usurpateur, qu'il alla chercher des magistrats et des administrateurs, quand d'ailleurs il put croire à leur talent et supposer leur repentir.

Voilà ce qu'a fait le roi. Toute la France le sait, et cependant on ose parler de violations de l'amnistie.

Mais y pense-t-on ?

Chez tous les peuples, dans tous les âges, dans toutes les lois, que comprend-on par amnistie ?

Un pardon généreux de grandes fautes ; l'inviolabilité personnelle de ceux qui les ont commises, en sorte que non-seulement ils ne puissent plus être recherchés, dans les tribunaux, pour raison du crime pardonné ; mais qu'ils puissent même y trouver refuge et protection contre ceux qui voudraient exercer sur eux quelques violences à l'occasion de ce crime ; la pleine liberté de leurs personnes ; la libre jouissance de leurs biens ; en deux mots, devant la loi, l'égalité parfaite avec tous les autres citoyens ; voilà l'amnistie.

Mais qu'ils y prennent bien garde ; ce n'est que *l'égalité* avec les autres citoyens que l'amnistie leur assure : ce n'est pas *la préférence* sur eux. Ce serait un contre-sens, en vérité, trop impolitique aussi, de lui faire signifier que, parce qu'ils ont commis des crimes, et des crimes atroces, ils auront à jamais le privilége exclusif des charges, des dignités

et de tous les honneurs publics ; que, tandis que
d'autres-citoyens irréprochables pourraient être révo-
qués de leurs fonctions, ils y seront inamovibles ;
que tandis que, sans nul autre motif que son libre
arbitre, le gouvernement pourra ne pas faire tomber son choix sur tel homme de bien, les amnis-
tiés n'auront qu'à demander, pour qu'on ne puisse
jamais leur rien refuser, sous peine de s'entendre reprocher de violer l'amnistie !

L'amnistie n'est pas ce ramas d'absurdités qui ne
seraient propres qu'à bouleverser une seconde fois
la société et qu'à la démoraliser, en traitant le crime
à l'égal de la vertu.

L'amnistie donne l'impunité : voilà tout ce qu'elle
peut donner.

Elle ne promet ni l'estime publique, ni même
l'estime et la confiance du gouvernement.

Les sentimens ne sont pas du domaine de l'amnistie. Il n'est pas en sa puissance de frapper de pa-
ralysie la mémoire du genre humain et faire oublier
aux contemporains ce qu'ils ont vu.

Malgré l'amnistie, l'histoire et l'opinion subsistent
toujours, parce que l'amnistie ne peut rien sur
elles. Elles existaient avant, elles existent après l'amnistie. Sans doute, malgré leurs souvenirs, l'histoire et l'opinion doivent avoir, elles ont en effet
une grande indulgence pour tout ce qui ne fut
qu'erreur, faiblesse, entraînement, exagération,
rêverie politique, même mouvement ordinaire d'ambition. On aurait tort d'accuser notre siècle de man-
quer de condescendance à cet égard. Il en a beau-

coup. Il est juste qu'il en ait. Mais, encore une fois, cette condescendance ne peut aller jusqu'à nous faire honorer jamais ni ce qui est crime, ni les hommes que des opinions ou des erreurs ont portés à commettre au grand jour quelque forfait.

Ces hommes, sous quelque gouvernement que ce soit, ne peuvent l'espérer. Ils n'y parviendraient point par de nouvelles violences. De leur nature les violences ne durent pas. Elle mènent à leur perte ceux qui les commettent : témoin cette effrayante succession de dictateurs qui commença à d'Anton, et qui *tous* ont été livrés au bourreau. Que leurs heureux compagnons, échappés jusqu'ici comme par miracle, à ce glaive que la révolution, moins clémente que la vengeance, semble réserver à tous ses favoris, ne tentent pas plus long-temps la fortune. Aiment-ils la vie, la sûreté personnelle, leurs jouissances ? C'est au gouvernement royal qu'il faut qu'ils se tiennent. C'est un gouvernement régulier; et l'ordre enchaîne les haines. Quelques-uns d'entr'eux peuvent même recueillir une sorte de bienveillance qui versera plus de douceur sur leur vie domestique. Ce sont ceux qui, dans la puissance qu'ils ont exercée, ont eu la politique ou l'inclination de faire quelque bien aux opprimés; donnant ainsi d'eux l'idée que jadis, s'ils se sont associés à des fureurs, ils ne le firent que par une mauvaise politique et dans l'espérance de les pouvoir un jour plus facilement déjouer. Qu'ils persistent dans cette conduite. Qu'il fassent plus même encore, s'ils le peuvent. De grands services peuvent prouver un grand repentir. Le salut de la patrie passe avant tout : et il n'est pas d'idée avec laquelle les amis du pays ne soient capables de se réconcilier pour cet immense intérêt. Mais si ces mêmes hommes, non contens de ces biens, qui sont encore à leur portée, veulent recommencer des révolutions, ils savent ce qu'elles sont; je ne leur fais point une prédiction vaine : les révolutions les dévoreront. Ils n'ont à prendre d'autre parti que de fermer le gouffre, tandis qu'il en est temps encore. Qu'ils se résignent à la tranquillité générale : ils en auront leur part; ils vivront obscurs; et s'ils le peuvent, avec leurs souvenirs, ils vivront heureux; ils mourront dans leur lit.

Point de réaction donc sur les personnes.

Point de réaction sur les choses.

Elle est plus impossible encore que l'autre.

§ II. Qu'il n'y aura pas de réaction sur les choses.

Tant d'intérêts réclament l'irrévocabilité des ventes des biens nationaux, tant de promesses ont été faites par le roi de les maintenir, la jouissance des nouveaux propriétaires a déjà duré si long-temps, elle est devenue la matière d'un si grand nombre de transactions, qu'à moins de vouloir commencer une révolution nouvelle, il est impossible de songer à nul retour sur les confiscations. Quiconque oserait dire le contraire au roi, le trompe. Le roi ne le croirait pas. S'il est déjà si dangereux de toucher, en France, à la liberté, qu'on juge du danger qu'il y aurait à toucher aux biens; car, enfin, nous sommes propriétaires encore plus que nous ne sommes Romains : et, dans les sociétés modernes, hors le cas d'un grand désespoir, les hommes se font tuer plutôt pour la défense de leur champ que pour celle de la patrie.

Le roi aime la justice ; mais son esprit éclairé sait fort bien que le devoir de réparer l'injure finit où finit la puissance ; que l'intérêt de la paix publique est le premier intérêt social ; et que la conservation du trône est le soin essentiel de la royauté. Tout ce qui pourrait donc mettre le trône en péril de nouveau, nous exposer tous, une dernière fois, à voir périr la société française, qui n'est pas encore remise de son ébranlement, ne serait pas vertu, ce serait délire.

Nous n'avons rien à redouter de pareil.

Mais en faisant sa part à la raison d'état, faisons aussi celle de la vérité.

Après avoir dépouillé les émigrés, n'ayons pas la cruauté d'exiger d'eux qu'ils ne conservent pas même de regret de leurs pertes, et qu'ils ne se plaignent pas.

Ce serait de leur part un crime envers la patrie de vouloir déchirer encore ses entrailles pour recouvrer des biens qu'on ne peut plus leur rendre sans remettre la France en combustion.

Mais, certes, ils ont bien le droit d'exposer les préjudices qu'ils ont soufferts et de demander qu'on les allège.

Qu'on les allège donc, mais sans que l'ordre actuel des propriétés soit renversé de nouveau.

Qu'on les allège aux dépens du trésor public. C'est un sacrifice que la nation française doit à sa tranquillité intérieure non moins qu'à sa justice. Quand chaque ancien propriétaire aura reçu le montant sagement calculé de la liquidation de ses propriétés, les prétextes lui manqueront, et il n'aura plus de motif pour haïr ceux qui sont en possession du patrimoine de sa famille.

Quelques millions et la concorde ! Tout le monde paiera volontiers, lorsqu'on sera sûr d'arriver à un résultat si désirable.

L'on y arrivera.

La raison finit pas reprendre son empire quand la faim cesse de faire sentir ses étreintes.

Il est bien difficile de persuader à une famille riche jadis, aujourd'hui dépouillée, qu'il faut qu'elle s'en console.

Mais quand de sages indemnités, payées par l'état, auront rendu quelqu'aisance à ceux qui avaient perdu tout espoir, comment leurs cœurs ne s'ouvriraient-ils pas au sentiment de l'ordre ?

Après de longues souffrances, ils redevenaient heureux pourvu qu'ils respirassent l'air de la patrie. Sous un usurpateur même ils oubliaient tout le reste.

Feront-ils donc moins pour le roi légitime que pour l'usurpateur, pour le roi qu'ils aiment que pour le tyran qu'ils avaient combattu ; pour Louis XVIII qui les dédommagera selon sa puissance, que pour Napoléon qui n'eût jamais rien fait pour eux ?

Sous Napoléon, ils ne pouvaient obtenir que ses livrées, de l'opprobre et tout au plus du pain. La défiance les repoussait même quand la politique conseillait de les ménager. En places, en fonctions, en moyens d'existence , ils n'avaient que les rebuts de sa cour.

Sous Louis XVIII, ils partageront tout : eux aussi ils sont les enfans de la famille. On n'ôtera rien aux autres pour le leur donner ; mais on s'occupera de leur sort avec affection. Ils auront rang dans les conseils , dans les magistratures , dans les armées. Ils auront leurs places enfin dans le cœur de leur roi.

Leurs plaies se cicatriseront en même temps que celles de la France.

Il restera des souvenirs.

Il ne restera plus de haines.

Les souvenirs eux-mêmes finiront par se fondre dans le sentiment du bien public, et dans le noble orgueil d'avoir contribué à sauver de sa destruction une nation foncièrement bonne au milieu même de ses emportemens; une nation dont les écarts ne seront pas du moins perdus pour le genre humain, s'ils servent à bien pénétrer les autres peuples de cette grande vérité trop méconnue : qu'il faut se garantir avec soin de tout ce qui peut ébranler le système politique, parce qu'on ne sait jamais où nous mène l'esprit de novation, et que le meilleur de tous les gouvernemens, quand, comme en France, il a des contre-poids, c'est la monarchie légitime.